《教你炒股票》系列之九

U0889795

五年十倍大牛股攻略

短线王国　著

地震出版社
Seismological Press

图书在版编目（CIP）数据

五年十倍大牛股攻略 / 短线王国著 .—北京：地震出版社，2015.7

ISBN 978-7-5028-4626-8

Ⅰ.①五…　Ⅱ.①短…　Ⅲ.①股票交易—基本知识　Ⅳ.① F830.91

中国版本图书馆 CIP 数据核字（2015）第 118490 号

地震版　XM3563

五年十倍大牛股攻略

短线王国　著

责任编辑：朱　叶

责任校对：孔景宽

出版发行：地震出版社

北京市海淀区民族大学南路 9 号　　邮编：100081

发行部：68423031　68467993　　传真：88421706

门市部：68467991　　传真：68467991

总编室：68462709　68423029　　传真：68455221

证券图书事业部：68426052　68470332

http：//www.dzpress.com.cn

E-mail：zqbj68426052@163.com

经销：全国各地新华书店

印刷：三河市利兴印刷有限公司

版（印）次：2015 年 7 月第一版　2015 年 7 月第一次印刷

开本：710 × 1000　1/16

字数：122 千字

印张：8.75

书号：ISBN 978-7-5028-4626-8/F（5319）

定价：28.00 元

前　言

如果班长问：“同学，你炒股的目的是为了什么？”相信很多同学会不假思索地回答：“这还用说？炒股当然就是为了赚钱。”这样回答并没有错，天下熙熙攘攘、市场买买卖卖皆为利往。但这个问题看似简单其实并不简单，相信炒股多年的老同学，都没有深入问过自己这个问题。如果你能坐下来静下心和自己对话，尤其是那些炒了很久成绩都不理想的同学，若能深入地了解自己炒股的目的是什么，相信你会在之后的几个月发生巨大的质变。接下来跟随班长深入和自己对话吧。

我为什么要炒股？我炒股的目的是为了什么？

有的是为了实现短期的一些消费目标，比如准备买车、买房，或者出国旅游，如果投入获得盈利就可以获得更好的车、更大的房；有的是存款躺在银行增值的速度，与货币贬值的速度实在是不对等；还有的是为了想在未来过上体面的退休生活而投资理财……每一个人为了什么而炒股不尽相同，但投资本质上大体相同，目的都是为了赚钱。

我炒股是为了赚钱，我怎样炒股才能达到赚钱的目的？

令自己的判断、操作与股票的实际走势、股价的走势规律相结合，说得更简单更直接点，就是怎样使自己的操作与股票的上涨节拍相吻合，进而提高操作的成功率。操作成功率提高了，赚钱的目的自然也就实现了。

但是，太多同学只关注炒股的目的，只想赚钱，只想在山顶一览众山小，却忘了登山之路其实才是你达到目标的必经之路。所以，你应该忘记你赚钱的目的，“你该怎样炒股才能赚钱”才是你的目标！当你达到目标登顶时，一览众山小的美景尽收眼底，涨停翻番盆满钵满尽入囊中。

我该怎样炒股？如何走自己的五年十倍之路？

或许你暂时还不知道该怎样才能炒好股，但起码你知道不应该怎样炒股！炒股的目的是为了赚钱，而赚钱需要有能力，目前在能力尚不足的情况下，如果继续以赚钱为目的，却没有与之相匹配的能力去胡乱交易，只会亏钱，更是与炒股的本质目的背道而驰，越走只会离目标越远！所以，你这时候知道，停下胡乱的操作就是进步！停下背道而驰的路，一个转身就是正确的方向。

再来说说如何走五年十倍之路，估计绝大多数同学看到五年十倍想的都比较简单，你想过“五年十倍”的第二层次或者更深层次是什么吗？如果不能由量变到质变，那么从质变到量变也不失为一种“捷径”。

比如，有的同学明明自己的操作存在问题，如果继续操作下去不过是重复错误，那么量变是不可能了，更别说五年了，即使是十年可能也十倍不了；而有的同学就很聪明，懂得在操作中发现问题，并花大量时间去解决问题，当问题解决时就是质变，当操作的质量得到改变以后，操作量再加大就实现了从质变到量变。所以，想要实现“五年十倍利润”，先要成就“五年十倍的自己”。当然，这个“五年”并不一定是要你耗费五年的时间，而是形容磨炼自己、成就自己的过程。当你深入问题到这个阶段，就是质变的关键所在了，能不能顿悟也在一念之间，需要你静下心来才能捅破这层窗户纸。接下来就是找方法，找适合自己的方法；找出路，找属于自己的路。你可以自己摸索、摸着石头过河，也可以借鉴前辈的经验，客观学习、辩证看待、化为已用，循序渐进地提高你认识问题、判断问题的能力。当你达到了这个层次，就会被磨炼成为一个非常谦卑的人，即便还不具备渊博的见识与智慧，也会非常有修养、悟性，虚怀若谷，成为一个能放下自己主观臆断的人。当然，最终你也会是一个非常富有的人，这都是因为你看破问题，成就“五年十倍的自己”之后上天对你的奖赏。而这时，你炒股赚到钱其实已经是次要的了，因为“你自己”翻倍了，你赚到了别人真正夺不走也买不到的“自己”！

目　录

第一章　大牛股攻略之行业篇

行业篇会通过例股来帮同学们梳理行业选股，行业选股围绕两个方面：**一方面是以创业板为主的战略级新兴产业；一方面是以国企改革、中国资本走向世界的国家级别企业**。用一句话概括行业篇的话，就是学习选股的逻辑。学习选股的逻辑，是要为我们操作时选股服务。选股，是我们走向五年十倍猎杀之路的基石，如果连标的都没有，大牛股攻略也就无从谈起了。

五年十倍大牛股攻略要讲的是五年能翻十倍的大牛股，但同学们真正要学的，班长真正要讲的，是如何走上自己的五年十倍之路。市场上永远不缺"五年十倍的牛股"，但是不是你能驾驭的"十倍牛股"才是关键。

要学的是什么，同学们应该做到心中有数，不能糊涂地以为"我只要看了本书"就能五年十倍，这只是你学习了。班长讲的怎样，**你学的怎样，"习"的程度，是另外一回事**。同学们也要时刻清楚自己在学什么，学了用来干什么，而不是"学习"就等于"获利"这么糊涂的逻辑。

关于本书中的例股安排，想必很多同学更期待的是最后班长给的五年十倍的标的股，但同学们不要忘了，市场从来不缺牛股，你也不是没有与牛股擦肩而过的经历，之所以擦肩而过是因为你还没有掌握驾驭它的方法。正所谓机会是留给准备充分的人，所以期待班长的标的股之前，先静下来学习才是关键。

另外，接下来要讲到的例股，如果是长期跟踪班长博客股池（短线王国新浪博客）的同学，肯定都不会陌生，因为并不是班长随便才选的，而是近几年班长股池的品种，都是曾经选入股池操作的标的，不知道同学们是否预习了，但还要再次提醒的是，这些例股已经大涨特涨了，已经透支了成长空间的个股，是作为学习研究的例子，别当操作标的去买进操作了。因为接下来要讲的是对这些股的各种“赞”与“好”，你千万别听晕了，再好的股不在对的时间持有也只是看着别人赚得盆满钵满，尤其是这些已经透支了行情的。

下面班长就针对这些例股从两方面来讲：

（1）行业和成长趋势；

（2）企业与操作利润。

第一节　大牛股攻略行业篇之小盘成长股

第一股：汤臣倍健 300146

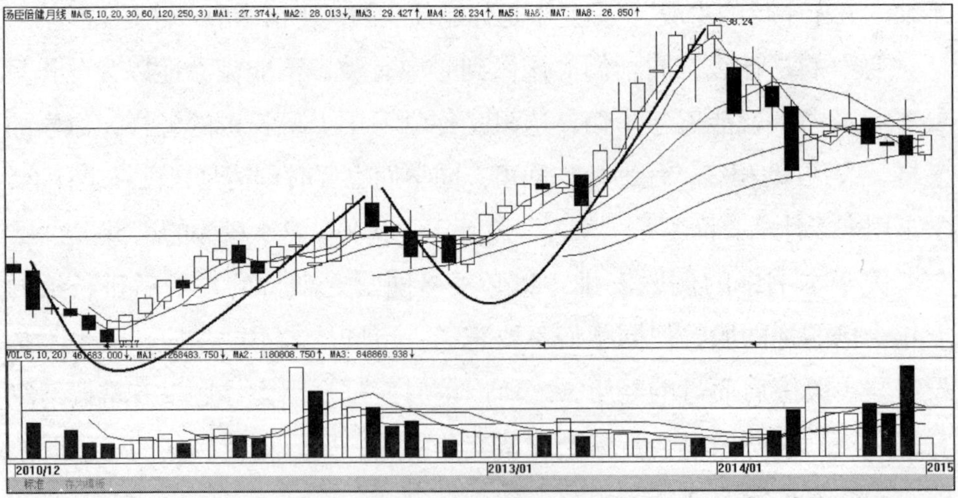

图 1–1　汤臣倍健

汤臣倍健当时被选进股池，班长考虑有三方面原因（图 1–1）：

（1）新兴产业，随着老百姓生活水平的提高，越来越注重养生保健；

（2）姚明代言，有望形成保健品牌价值；

（3）美国有安利，中国的“安利”在哪里？尤其是我们这么多人口的大国。

作为一只上市的小盘股，又有明星代言，在保健品行业里是独一无二的。所谓天时地利人和，齐了。但同学们不要以为独一无二就等于是“好的”，**独一无二还要有市场需求，增长空间。**

当然，经过几年的高送转，现在盘子近6.6亿的股本，流通盘3.3亿。这时候若有同学来问：“班长，这股难道不行了吗？”一定是会问住班长的。因为6.6亿的盘子算大吗？不算大，尤其是面对十几亿人口的大国来说，肯定还有增长空间。比如，最近又搞了移动互联之健康产业，还有设健康产业投资基金布局大健康产业的，而短期走势形态也不错。但是，对于操作者来说，尤其是对于要追求大牛股的操作者来说，它肯定不再是潜力目标中的最佳标的了，只能作为我们的研究例题来看一看。

第二股：华录百纳 300291

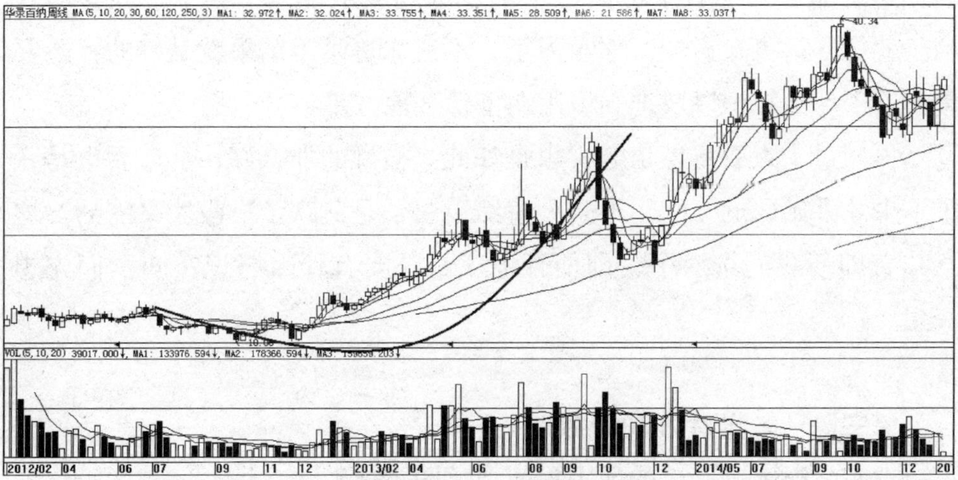

图 1–2　华录百纳

当时班长选它入股池是有三个条件的（图 1–2）：

（1）中国的影视行业在崛起，美国有华纳，中国的华纳在哪里？

（2）电影为主的华谊兄弟，光线传媒有了，影视剧呢？

（3）上市发行只有 1500 万股的小盘，时代背景下的高成长潜力毫无疑问。

经过将近三年的时间，先后完成 10 股转送 12 股和 10 股转 10 股的高送转。如果你以发行价 45 元持有 100 股，是 4500 元，经过两波高送转后你持有是 440 股［（100×2.2）×2］，按照今天（2015 年 1 月 13 日）的价格 35 元来计算，市值就是 15400 元，就这还不包括派息，只是做做波段降低成本。

当然，我们不能说没有成长空间了，毕竟国内市场还在保持高速增长，尤其是该股成长起来后又加大了在综艺、电影方面的投入。这也是当前走势形态还不错的缘故，但我们要说的不是短期这股怎么样，班长要让同学们记住的是那三个条件。

看华录百纳的走势，被班长说的那么好，又是小盘股，又是高成长，但左边那一段走势不是也不怎么样，甚至是先跌了不少才开始涨的。这意味着当你有了上面三个条件选到股票了，不等于就能立即获利。就像开篇班长说的，你学习了，不意味着学习结果就是好的，还要看学习了什么知识以及把知识用在了什么地方。

再回过头来看汤臣倍健，也是如此。被说的那么好，上市后也是跌了不少才开始涨的，涨也不是一直涨下去，是又跌了一段才又涨的。这意味着即便我们选对了，即便开涨了，还要有什么意识？同学们先想一想。

第三股：东方财富 300059

选东方财富进股池的原因很简单（图 1–3）：

（1）全面炒股题材；

（2）小盘高成长；

（3）虽然说是全民炒股题材，但全民炒股的时代显然还没有到来，意味着在行业上依然有空间。

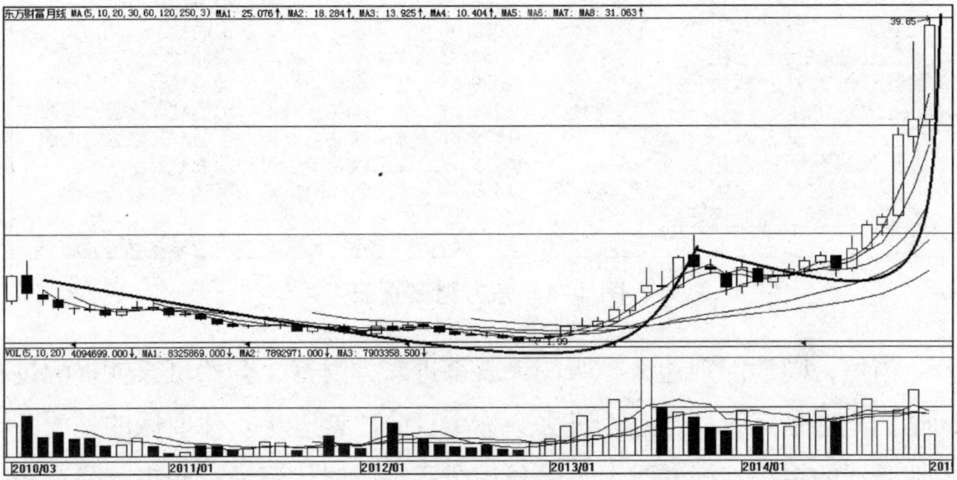

图 1–3　东方财富

其次，发行股本才 3500 万股，按发行价 40 元来计算，持有 100 股是 4000 元，不到五年时间已经先后进行了四次送转，分别是 10 送 5，10 送 6，10 送 10，10 送 8，经过四次送转后是 864 股，按照今天 (2015 年 1 月 13 日) 的 40 元计算是 34560 元，就这还不包括每年的派息分红，也不包括做波段降低成本。

几年的时间翻了多少，不用班长再说了吧？班长在 2010 年之所以敢说出十倍大牛股的断言，依据特别简单，就是全民炒股时代还没有到来，还有很大的空间等待释放，注意是行情方面的空间，至于股价已经透支了未来多少是另外一个问题。

图 1–4 是 2014 年 9 月 30 日出的报表，涨这么多了还有几家社保在持仓，而且是新进，为什么？因为全民炒股时代还没有到来。虽然这两年透支了现在甚至未来几年的行情，但是相对于五年十年来说，还有空间可释放。

2014-09-30　2014-06-30　2014-03-31　2013-12-31

前十大股东　　股东人数:40401　　截止日期:2014-09-30

名称	持股数(万股)	占总股数	增减情况	股本性质
1. 其实	33912.59	28.04%	未变	流通A股,限售流通股
2. 沈友根	4147.20	3.43%	未变	流通A股
3. 陆丽丽	4062.96	3.36%	未变	流通A股
4. 全国社保基金一一七组合	2454.87	2.03%	新进	流通A股
5. 全国社保基金一一三组合	2039.91	1.69%	新进	流通A股
6. 鲍一青	1924.19	1.59%	未变	流通A股,限售流通股
7. 史佳	1679.39	1.39%	未变	流通A股,限售流通股
8. 全国社保基金四一七组合	1583.71	1.31%	-701.50	流通A股
9. 中国建设银行股份有限公司-华商盛世成长股票型证券投资基金	1495.11	1.24%	-2904.89	流通A股
10. 陶涛	1150.64	0.95%	新进	流通A股,限售流通股

图 1–4　东方财富报表

当然，同学们别这么一听明天就杀进东方财富，开始班长就提醒过同学们，这是例股，当心杀进去套你个百分之四五十。你要做的是放下短期赚钱的想法，好好学习。**班长说全民炒股时代还没有到来，是在教你用最简单的逻辑去思考展望一只股票的空间。**

第四股：同花顺 300033

班长选同花顺的原因和选东方财富的类似（图 1–5）：

（1）**全民炒股时代还没有到来；**

（2）只有 1680 万股的发行量。

东方财富是全民上东方财富网看股，比起东方财富网，同花顺的“引擎”不只是同花顺财经网，重点是同花顺行情软件。班长 2010 年说的三大炒股题材股，还有一个大智慧，因为停牌这里就不讲了，那时强调的是东方财富和同花顺，因为当时同花顺的股本比大智慧要低得多。

先后两次 10 送 10，就算持有不动，增值了多少同学们自己算。成长并没有到头，因为全民炒股的时代并没有到来。只是，同学们还是要忘记操作，不要想着明天追进去赚一票，**应该记住的是这种最简单的展望行业空间的方法。**

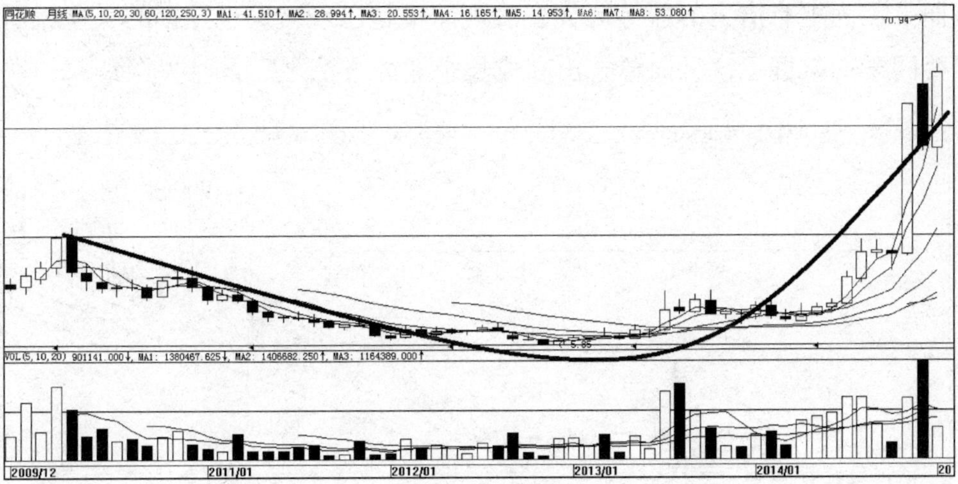

图 1–5　同花顺

走势上，同花顺被班长说得那么好，但是我们看图 1–5 同花顺的走势不难发现，在左侧同花顺还是同花顺，在右侧同花顺也没有叫同金顺，为什么左侧是跌跌不休、持有就会亏损，右侧是涨个不停，持有就会获利？这就是**你要有的基本意识，选对股了，还要选对“时”**。不能再有那种“砖家”给你说什么股非常有价值，第二天你就不看什么位置的杀进去。

第五股：三六五网 300295

选三六五网进股池的原因也很简单（图 1–6）：

（1）发行量是 1335 万股的盘子，当时第一时间关注是因为它的盘子；

（2）其次才看到它的第二亮点，互联网房企家居，独一无二的上市公司，把房子搬到了网上。

现在股本已经到了 8000 万，虽然房地产行业已经不那么火爆，二三线城市的房地产也会随着农村城镇化建设而放慢步伐，但是对于创新的企业依然还是有不错的增长空间。班长依然不是推荐该股的行业，而是因为更有潜力的股等待你去发现而不是已经被发现挖掘的，这就需要同学们掌握了这种简单选出高成长企业的方法之后自己去探索。

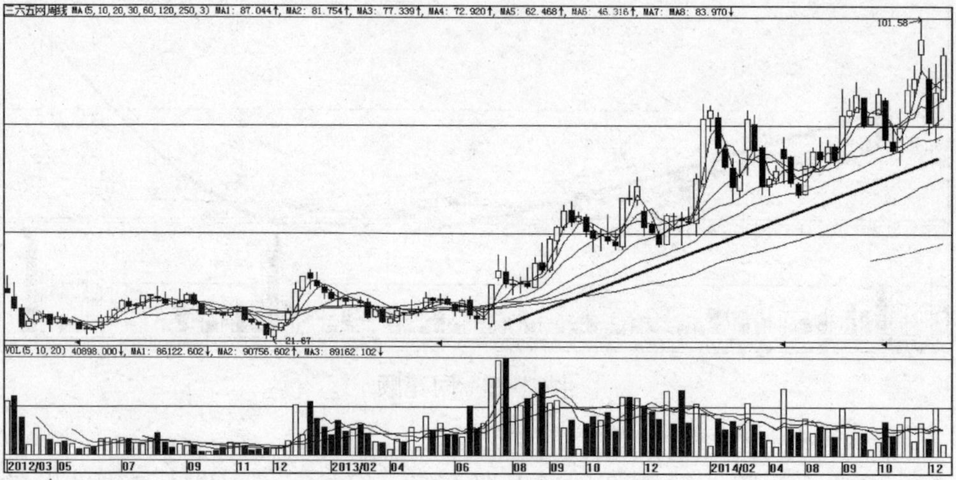

图 1–6　三六五网

再看走势图 1–6，走势一波三折，走得曲曲折折。原因很简单，当时盘子太小，筹码不好收集，尤其是对于想要操作这只股的资金，吸筹难，更惜筹，担心砸出去的都被别人捡去，所以相对前面几只例股的大跌它只是一直震荡。

第六股：美盛文化 002699

当时班长选美盛文化进股池，也可归纳为三点逻辑（图 1–7）：

（1）动漫服饰，动漫在国内的潜力本身就很大，而它作为动漫服饰，算是当时的独一无二了；

（2）发行量是 2350 万股；

（3）中国的动漫龙头企业在哪里？

当然，后来又扩大了动漫战线，动漫视频，动漫游戏，迪士尼都有了，所以也有了 2014 年下半年的一大波行情，而股本也由原来的 2000 多万到了两个多亿。

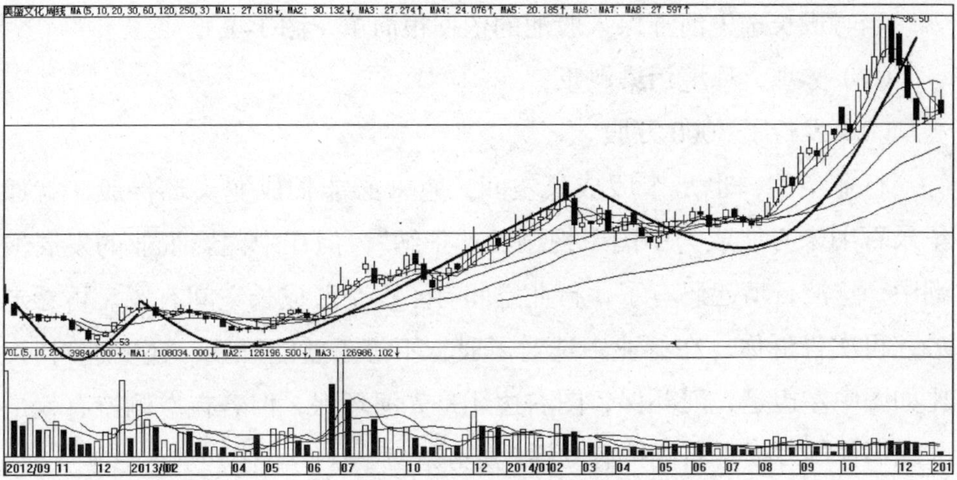

图 1–7　美盛文化

企业的成长可能是一波一波的，起初有价值的企业不意味着以后还会有，起初有价值的企业连续增长后也不意味着找不到新的动力。比如高铁股的行业发展趋于饱和，但随着中国高铁走向世界，高铁股又走出了新的空间，这是我们应该学会拥有看待企业发展的眼光和格局。

第七股：先河环保 300137

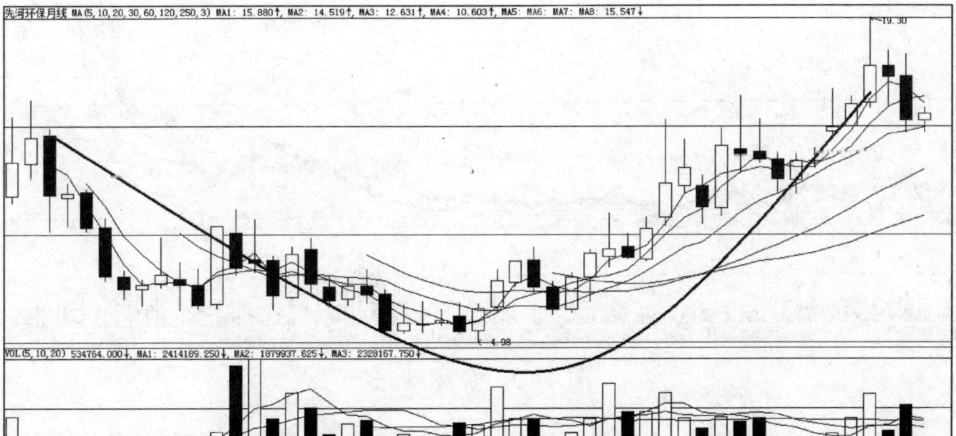

图 1–8　先河环保

当时班长选先河环保入股池的依据很简单（图 1–8）：

（1）雾霾，环境污染严重；

（2）发行了 3000 万股。

行业空间，也是个股成长空间，它未必能长成龙头环保股，就像华录百纳未必能成为中国影视剧的“华纳”，但在中国影视业的发展浪潮中，这波行情起码有了，行业空间有了，个股成长空间有了。再看走势，再次告诉你，在行业中选对了股，不等于就能赚钱，还要选对时，比如图中左边是先河环保，图右边还是先河环保，但若在左侧持有就是跌跌不休的亏损，右侧持有的话就是涨个不停。

第八股：金运激光 300220

班长当时把金运激光纳入股池的逻辑也很简单（图 1–9）：

（1）3D 行业前景没有释放；

（2）股本也有待随着行业扩大而扩展。

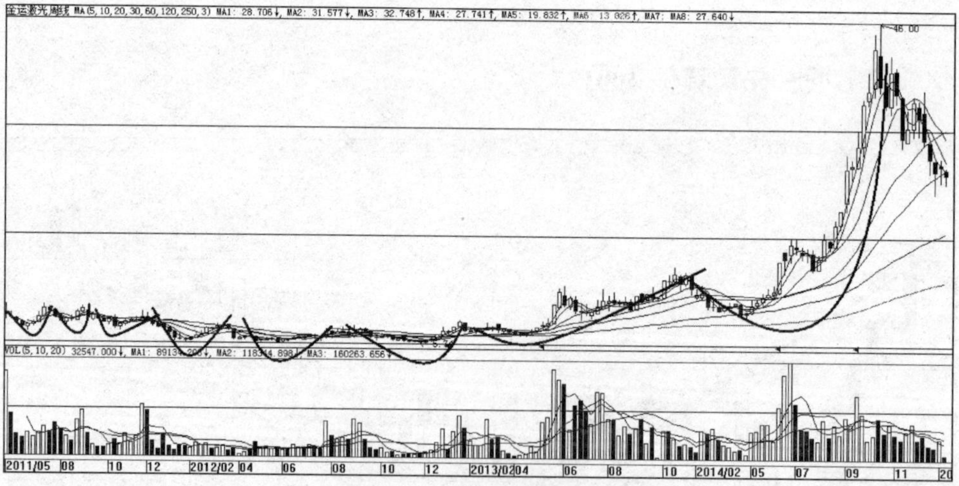

图 1–9　金运激光

发行量是 900 万股，发行价是 23.36 元。2011 年上市至今三年多的时间，先后经过 10 股送 10 股、10 股送 8 股，现在股价比发行价还要高许多，如果你以发行价持有到现在，不算派息，不算中间做的大波段降低成本，现在也是净赚两倍了。

第九股：易华录 300212

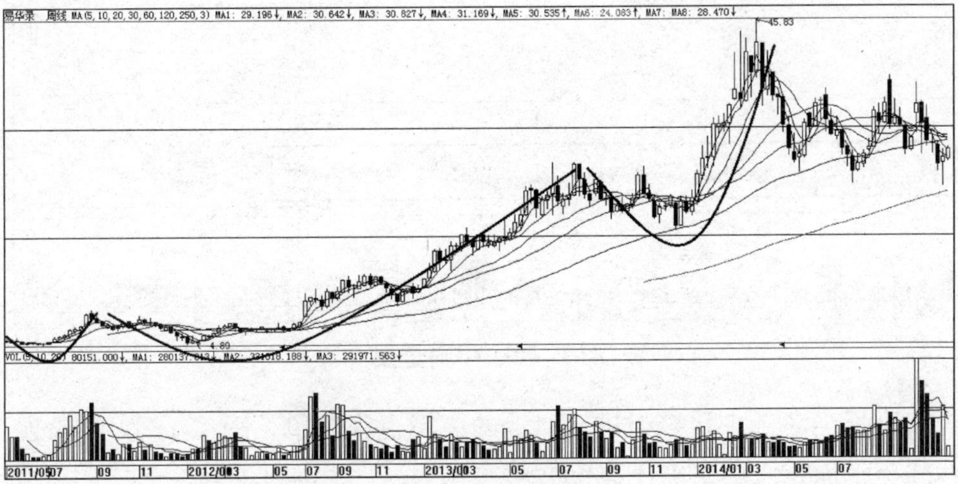

图 1–10 易华录

当初班长选易华录进入股池的逻辑还是差不多（图 1–10）：

（1）1700 万的流通盘；

（2）智慧城市，增长空间无法想象。

当初的发行价 30.46 元，2011 年上市至今三年多的时间，先后进行了 10 股送 10 股，10 股送 2 股。再看走势，也不是一波涨到头的，而是一波起来下去，完了又起来一波，一波一波地发展，这意味着尤其是这种高成长行业，存在二次爆发，三次爆发期。这种二次爆发，三次爆发的逻辑就像摸着石头过河，随着企业不断地发展找到更多的爆发点。当然，也有走到死胡同的，比如行情随着高速发展被时代淘汰了。

第十股：中科金财 002657

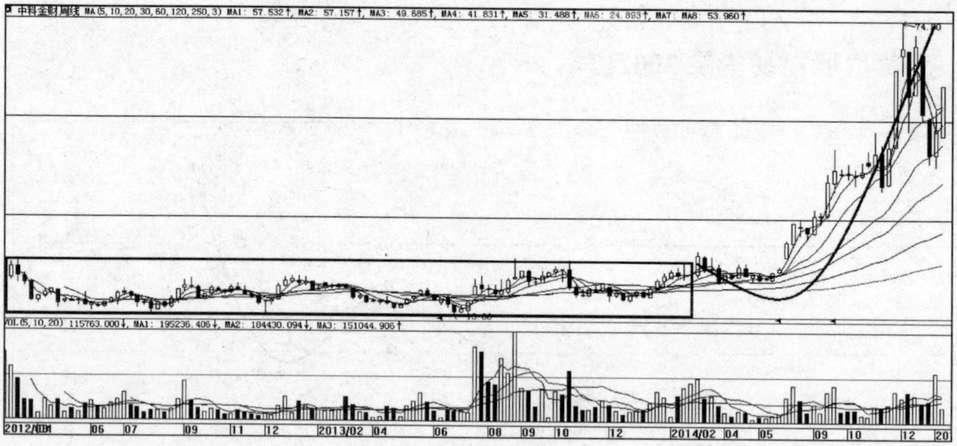

图 1-11　中科金财

班长当时选中科金财进入股池的逻辑也很简单（图 1-11），如果现在问你，你知道班长为什么选吗？

（1）金融 IT；

（2）发行量只有 1745 万股，在有行业空间的情况下又有行业发展空间。

◆主营构成◆　◇大智慧数据中心制作：更新时间：2014-11-17◇

2014-06-30　2013-12-31　2013-06-30　2012-12-31

单位：万元　截止：2014中期

产品行业地区	主营收入	同比增长	主营收入占比	主营利润
数据中心建设解决方案	32380.47	63.89%	62.86%	4124.56
IT服务管理解决方案	10211.59	-3.84%	19.82%	6697.95
智能银行解决方案	8378.66	98.29%	16.27%	2855.78
其他（补充）	539.10	251.01%	1.05%	-
企业	25397.69	19.25%	49.31%	7215.07
银行	16481.65	129.24%	32.00%	3743.34
政府	7878.72	55.90%	15.30%	2579.96
其他	1212.67	14.32%	2.35%	139.91
其他（补充）	539.10	251.01%	1.05%	-

图 1-12　中科金财客户群体

行业是怎么简单确定的呢？如图 1–12 所示，公司面对的客户群体是什么？是银行、政府、企业，行业空间和成长空间就这么简单的有了。

这一节十只例股讲完了，最后总结留给同学们，班长的总结留到下一节。

你的关注点在什么地方？你关注的是什么？不用告诉班长，但是你要想想班长通过这十只例股给同学们讲的是什么，这样你才知道学到了什么。

第二节　大牛股攻略行业篇之蓝筹成长股

第一节我们讲了大牛股攻略行业篇之小盘成长股，留的功课不知道同学们是否有去尝试总结。有同学只注重“小盘”，那么小盘的成长就有可能是你幻想的成长。**小盘要成长，成长来自于什么？来自于行业是否成长，所以要小盘成长时必须要去看行业是否能成长。行业成长来自于什么？来自于市场需求，市场需求决定了行业成长空间。那么，市场需求怎么看呢？**有同学说看报表。报表的确很重要，不会看也可以慢慢学着看，因为有些事不是因为你会了才去做，而是你试着去做了，做的多了就慢慢会了。

班长要讲的，不是让同学们去看专业的财务数据、复杂的报表，而是最简单的逻辑方法。就像前面班长讲的，美国有华纳，中国的“华纳”在哪里？中国的华纳未必是华谊兄弟，未必是华录百纳，而是**通过美国有华纳这个思维看到了中国的市场，那么这个未来的蛋糕大不大？谁来分享呢？**行业选好了，成长性存在了，它最终未必角逐成为中国的华纳，是龙头的话最好不过，如果不是分得一杯羹也已足够了。再如汤臣倍健未必成为中国的“安利”，但中国的安利在哪里？既然没有，说明这个行业格局还未定。那么，**“中国的安利在哪里”这一问，已经带你找到了一大块未被开发的“蛋糕”，这蛋糕就是市场需求了**。以上，就是**选择小盘成长股的思路和逻辑，同学们慢慢品味**。

这一节我们要讲的是蓝筹成长股，在开讲之前，必须给同学们厘清几点：

（1）蓝筹成长股的成长空间很大吗？

（2）蓝筹成长股比小盘成长股如何？

（3）为什么要研究蓝筹成长股？

蓝筹成长股的成长空间未必大，比起小盘成长股的成长空间往往也比不过，甚至没有可比性。为什么没有可比性，在本节最后会讲，但之所以**要讲蓝筹成长股，是为了操作而准备**。如2014年最后两个月，行情是权重蓝筹股的天下，小盘股形态普遍不行，不能具备操作的“选时”。再比如2007年的牛市，遇到这样以权重主导的行情，研究了蓝筹成长股，你就可以明白放心地骑到蓝筹成长的大牛上去享受蓝筹股的翻倍行情。

昨天有朋友又在说中国压根儿就没有好公司，班长说中国管理层就像是最大、最棒的公司。如果把中国比喻为在地球上市的一家公司，你会不会用最简单的逻辑去看中国这只股票未来走势如何？你会不会买“中国”这只股票？**当你抓住了看待成长的基本逻辑，反腐、国企改革、经济转型、金融创新**，后市的行情无论是慢牛，还是快牛，你都能应对自如了。

搞明白了研究蓝筹成长的逻辑，接下来我们通过例股，来看看选择蓝筹成长股的最简单逻辑。

第一股：美的集团 000333

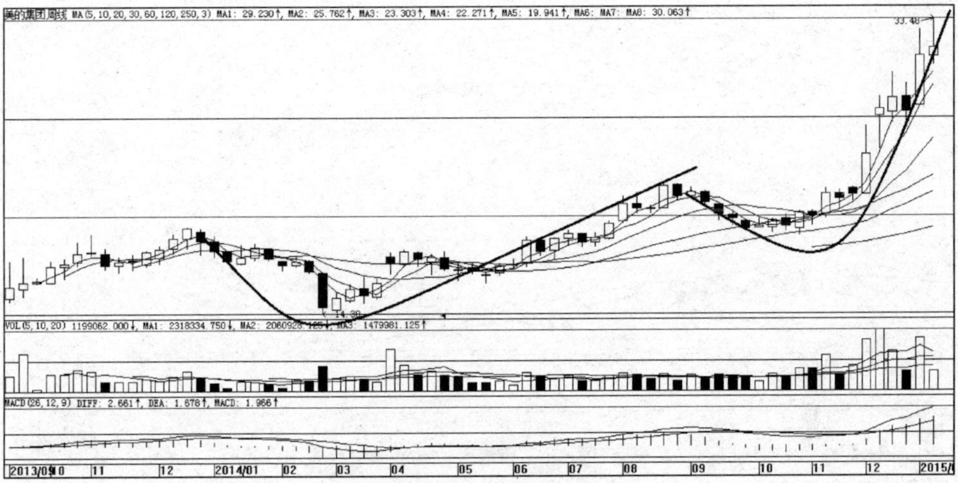

图 1–13　美的集团

班长选电器进入股池时，出发点是家电补贴刺激消费，但为什么不选择格力而是美的，其根本原因在于它参与的是农村商业银行，因为当时考虑到未来城镇化建设的最大支持者就是农村金融系统。不过，随着行业的变革已经迎来了新的引擎。如图 1–13 美的集团的走势图所示，左边走势是美的集团，右边还是美的集团的走势，但左边走势显然没有右边的强势，为什么呢？

股市是经济的晴雨表，而走势是企业的晴雨表。

走势反映的是企业的发展情况，随着智能手机、互联网时代的全面到来，智能电器也打开了广阔的市场，随着全新的变革，我们生活、工作的各种电器会全部换成智能电器。**同学们可以想一想，我们每家每户都把电器换了，这又是多大的消费？**

拥有的是过去，不代表未来。如同我们炒股，过去涨了十倍不重要，重要的是未来还能涨十倍，过去你赚了多少不重要，重要的是未来你能赚多少。

第二股：锦龙股份 000712

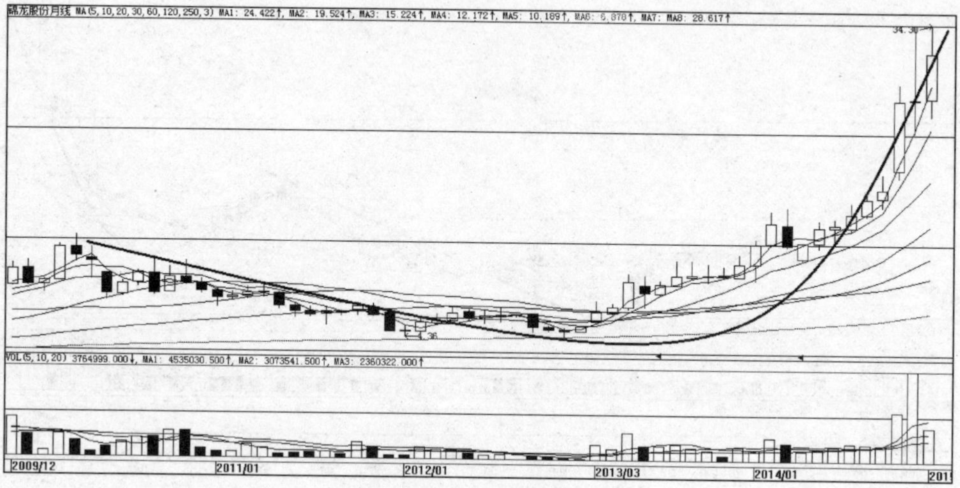

图 1–14　锦龙股份

当时班长选择锦龙股份进入股池的原因很简单，只有两点（图 1–14）：

（1）随着新股的持续发行，公司参股的中山证券、东莞证券获利丰厚，尤其是东莞证券 IPO 提上日程，但相比其他券商这波的涨幅，该股潜力未被释放出来；

（2）随着国企改革，金融创新，证券市场迎来了前所未有的机遇，而锦龙股份的中山证券、东莞证券无疑迎来了高速发展机遇，当然受益最多。

这也是为什么把锦龙股份纳入股池后，其他券商都歇菜了，而锦龙股份又拉升了近百分之二三十。

第三股：潍柴动力 000338

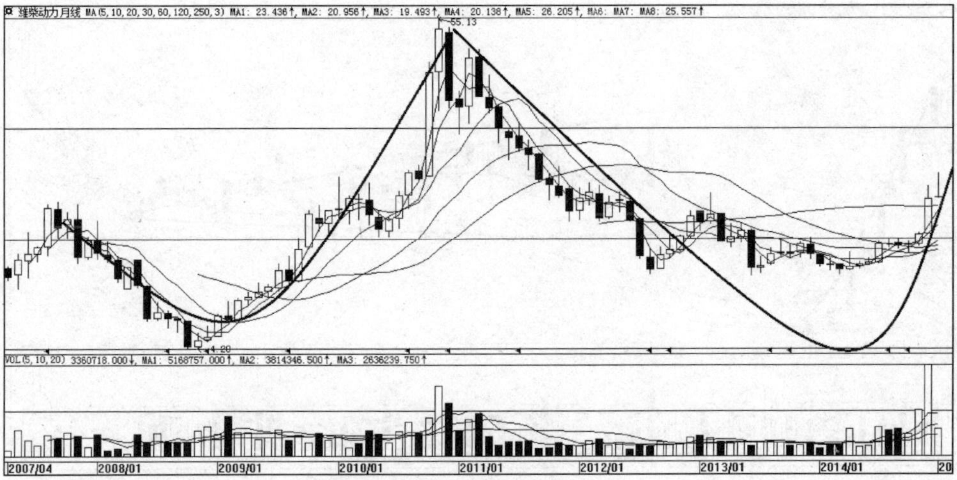

图 1–15 潍柴动力

如图 1–15 所示，先说图中左边这一波行情，这是被 2008 年熊市暴跌错杀的，之所以说错杀，是因为当时股价暴跌，而公司业绩依然保持强劲的高速增长，盈利能力与股价构成逆向走势，一边是股价暴跌，一边是收益高速增长，尤其是企业趁金融危机海外收购，这是选入股池的原因。**企业成长空间有了，才有股价上升空间，这是最根本的逻辑，任何题材的操作无一不是围绕企业的成长空间。**尤其是该股当时的业绩那么好，股价不但没有随之上升，反而暴跌，所以加入股池。而股价一扭转跌势，步入涨势，就涨势如虹。

再看右边这一波，持续下跌了很久，是企业增长遇到了瓶颈也好，是前期股价透支了未来空间也好，这些都不重要，重要的是什么？是为何开始再度走强，内在逻辑是什么？或者说**支撑股价走强的是什么？不外乎两点：一是企业迎来了新的发展机遇，所以股价能再创新高，就像第一例股美的集团；二是股价跌超后的估值回升。但内在逻辑都是股价与企业价值的不对称。**

第四股：上汽集团 600104

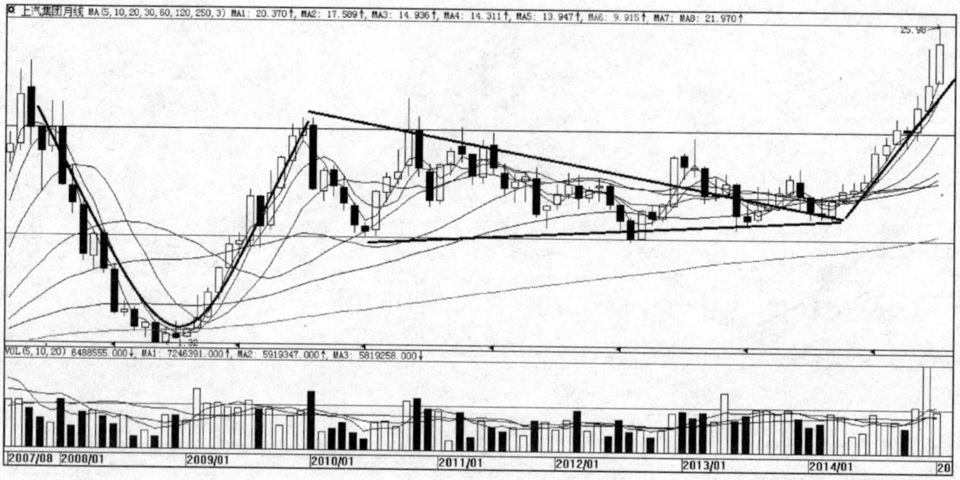

图 1–16　上汽集团

2009 年班长选的上汽集团，那时还叫上海汽车，当时班长选它有两个简单的思考（图 1–16）：

（1）汽车补贴政策的刺激购车；

（2）汽车市场的需求，股价被金融危机拦腰斩断，但汽车市场会就此被拦腰斩断吗？

不会，反而国内的汽车市场需求还大的很。现在回头想想路上的车是不是不知道从什么时候一下多了起来？正是那时候。但刺激购车政策使得短期市场消费快速透支，市场短期饱和，公司发展遇到了瓶颈，所以出现了图中的整理走势。而后面这一波拉升，是迎来了新的发展机遇，随着互联网推进，资源整合加速，有望形成从“前汽车”到“后汽车”的一体化汽车产业链，更大的想象空间是中国汽车走出去的国家战略，所以股价又出现了新一波强有力的拉升。

第五股：中源协和 600645

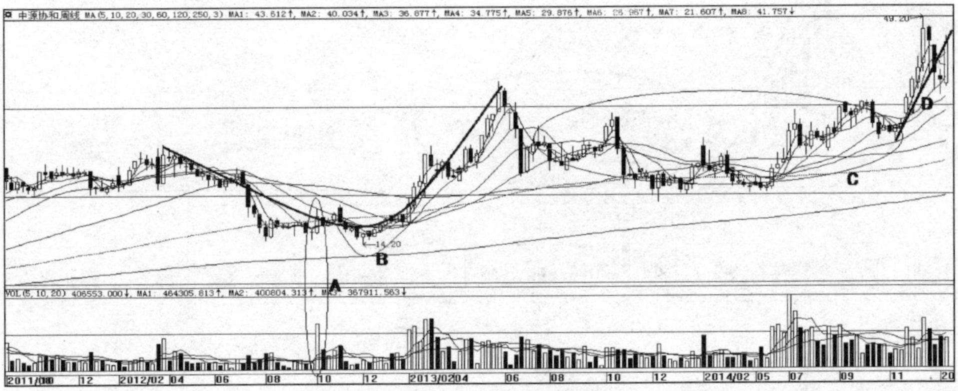

图 1–17 中源协和

班长当时选择该股进入股池的原因更简单，只有一条：2012 年日本京都大学物质—细胞统合系统据点 iPS 细胞研究中心长山中伸弥，与英国发育生物学家约翰·戈登因在细胞核重新编程研究领域的杰出贡献，获得 2012 年**诺贝尔生理学或医学奖**。而中源协和，**在干细胞领域无疑是两市的唯一**，迎来了新的发展机遇。

图 1–17 中 A 处公布诺贝尔获奖，资金入场，随后通过 B 的建仓—打压洗盘—拉升而步入涨势。B 拉升后展开 C 区的大回调整理，股价在整理，公司也在谋求发展，现在打开了新的发展，所以股价又迎来了 D 区拉升。

第六股：广船国际 600685

班长选广船国际股入股池的逻辑也很简单：随着大国崛起，**中国海域面临前所未有的装备机遇，瓦良格号航母训练舰的常规化运行，意味着我国未来至少需要配备三个航母战斗群，所以公司迎来前所未有的新机遇。**

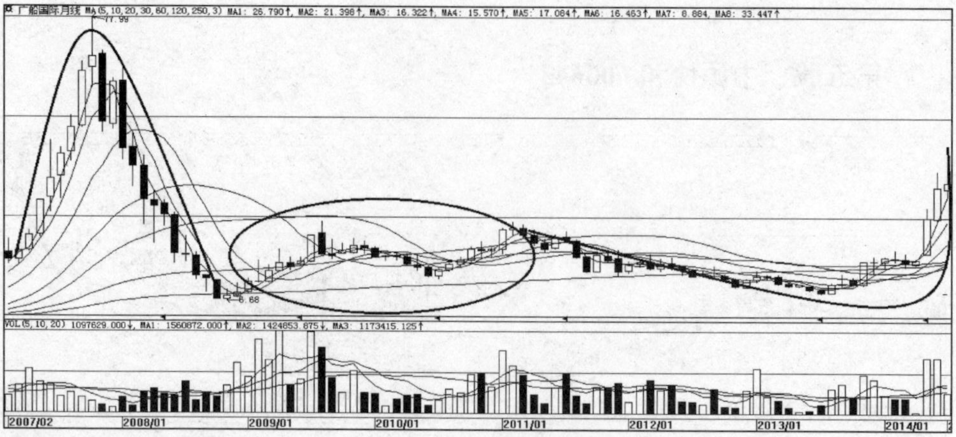

图 1–18　广船国际

来看广船国际的走势图，如图 1–18 所示。走势图的左侧是牛市疯狂后的回归，2008 年的熊市暴跌后 2009 年也没有涨到多少，一直起不来，反映的是造船业的低迷。但随着大国崛起，经济复苏，尤其是钓鱼岛事件，激发了造船业的复苏，公司迎来了发展机遇，股价也有了体现，同学们也可以去翻翻 F10，看看公司收购了什么军舰，为未来布局了什么。

第七股：新华保险 601336

新华保险，从一上市班长就一直在说，它是在上市的保险公司中成长空间最大的。原因很简单，它盘子小，随着上市后，有望扩大市场份额。

图 1–19 是新华保险的月线图，即便是上市的保险公司中最有空间的，也不是任何时候持有都是获利的，跌势里持有和涨势里持有，截然不同。

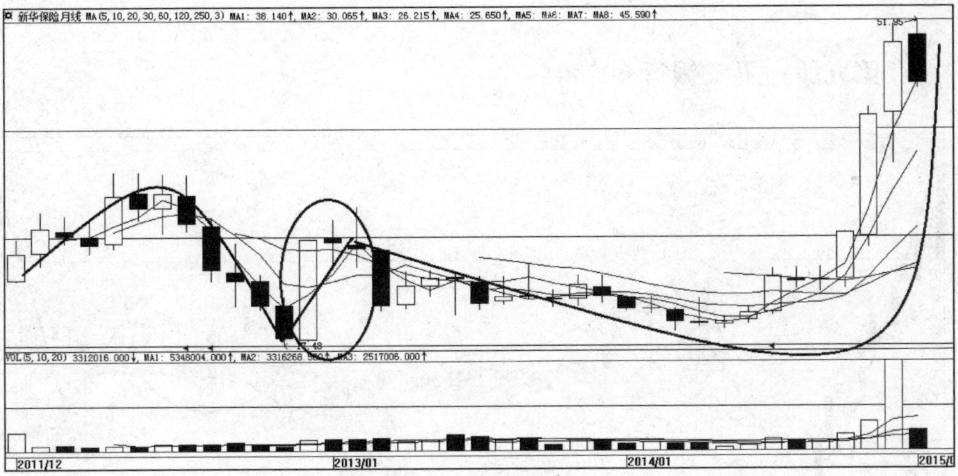

图 1-19 新华保险

第八股：光大证券 601788

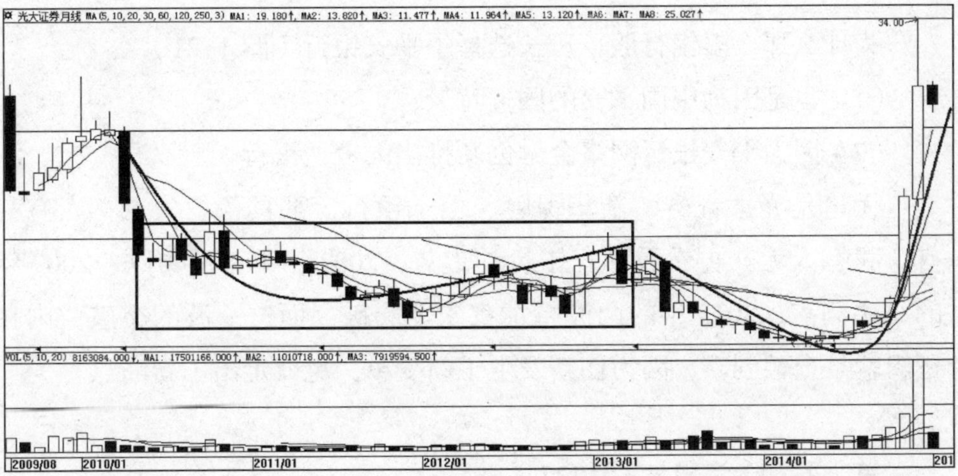

图 1-20 光大证券

如果说保险板块，只有一家新华保险，还好选。证券板块呢？那么多新上市的证券企业。中国平安收购了深发展，有了平安银行，选择光大证券的一个根本因素，是光大银行国资背景很重要，对企业的发展空间影响很大。

第九股：平安银行 000001

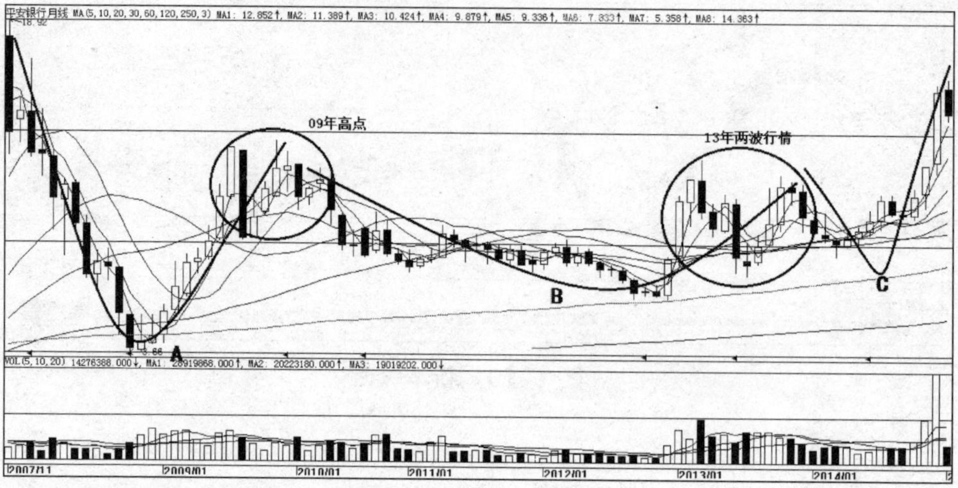

图 1–21　平安银行

为什么那么多银行股，班长选择了平安银行（图 1–21）？

（1）也是因为中国平安的国资背景；

（2）因为平安银行网络金融创新推出的橙子银行。

无论是光大证券、新华保险、橙子银行，都具备了一点，人有我有，我有人无。再看看平安银行的走势，2007 年牛市后暴跌，2009 年的小牛高点，2013 年的两波行情都未能突破，而这一波的突破，内在逻辑就是金融创新，因为创新发生了新变革，也就走出了新高点。

第十股：上海电气 601727

为什么选择上海电气（图 1–22）？随着国家的一批项目走出去，继高铁走出去之后，是核电项目走出去，上海电气作为高效清洁能源的龙头，盘子又大，如果权重蓝筹主导的牛市行情继续，上海电气无疑是最适合机构操作的。

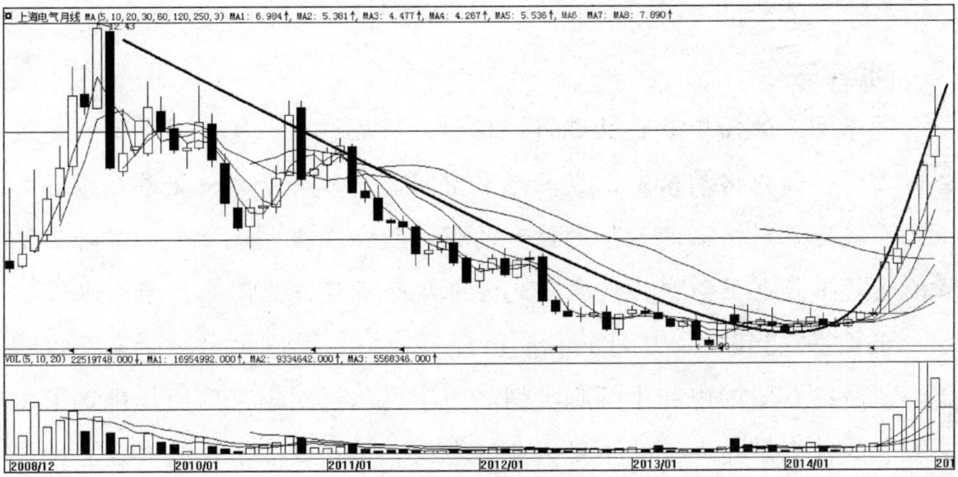

图 1-22　上海电气

讲完了十只蓝筹成长股，那么蓝筹成长股成长的究竟是什么，你是否明白？**蓝筹成长股，可能是行业重新洗牌或者资源整合迎来新的成长空间，或者股价与业绩的重新估值的空间。**而这不过是为了机构资金的炒作，为了“师出有名”好讲故事。你不要真的去听这些故事，你不能忘了开头班长讲的我们为什么要研究蓝筹成长股。

真正的成长，还是以新兴产业的小盘成长股最有想象力，因为权重蓝筹的市场格局早已经差不多了，可争的也是市场份额能多占多少；而小盘成长股更多的是瓜分新的蛋糕，这也是为什么说蓝筹与小盘没有可比性的原因所在。不过，无论是蓝筹成长，还是新兴产业的小盘成长，无一例外不是在围绕企业价值增长，这就是股价上涨的最根本逻辑。任何题材也无不是围绕着价值核心在波动。无论是蓝筹成长，还是小盘成长，终归都是讲故事，讲故事就像我们研究，最终都是为了操作获利，这是根本。

看完本节，同学们可以根据小盘逻辑或者蓝筹逻辑去试着选股，如何选股，选什么样的，为了什么，这些关键点同学们要从这两节中抓到。

问答部分：

同学问：选择小盘股的逻辑：目标市场足够大；有美国类似的超级公司参照；国内格局未定，成长想象空间大。潍柴动力被错杀是根据财报？系统地看财报？选入中源协和的理由放在现在也成立吧，另外石墨烯概念是不是也类似？为什么是光大证券而不是兴业证券？谢谢班长。

班长答：当时 1 ~ 9 月的利润已经三块多，堪比茅台，后来又收购德国凯撒；石墨烯也和干细胞类似的，诺贝尔再次出来后班长也选了相关股。为什么是光大证券不是兴业证券，一是兴业盘子比光大要大，二是兴业银行的网点没有光大的扩展快。

同学问：601989 中国重工，大盘蓝筹，中国目前强调军工加强，外国有航母，中国航母还在初级阶段，而唯一造航母的公司是中国重工，班长对此怎么看?

班长答：这正是班长选它入股池的原因。

同学问：看个股的信息是从 F10 里或网上的公开信息，还是看电视新闻得到的信息？

班长答：看 F10。电视新闻的话，要么是看到一些滞后的消息，要么就需要敏锐的嗅觉，通过电视新闻嗅到其他内容，不过作为三无股民，不要去想着干专业的事情，干好最基本的就行。

同学问：蓝筹股其中一条是老树发新枝：（1）新产品且有市场需求；（2）创新或通过整合资源有了新亮点；（3）新的国家政策惠及。

班长答：老树发新枝，这个枝一定不是细枝末节的枝，不然股价很难再创新台阶。

同学问：选股不容易！涨起来感觉判断理由成立，但是有很多时候觉得有理由就是不涨。

班长答：不是要用涨来判断选股理由的成立，而是选好股后等待涨势确立，然后按照策略买入持有，具体操作策略等后面章节展开讲。

同学问：班长走出去战略为何没有高铁呢？因为高铁涨了一圈儿了？

班长答：是的。另一方面是走出去谁知道会有什么事，我们不是真的要听故事，我们不会因为故事而买单，我们也是借助故事捞一把。故事再好，已经被透支了当然不会去持有。

同学问：000997 新大陆，（1）二维码支付的龙头企业，订单逐步增多；（2）政策支持，享受政策红利。

班长答：这个行业确实不错，还要看看在行业中该股如何，因为不是新蛋糕。

问：班长，最近中石化下面的板块面临重组，ST 仪化和江钻股份也都是旗下上市公司，并且现在正在重组借壳上市，像这种算是蓝筹题材吗？

答：第一，把内在逻辑扒出来看看；第二，我们研究蓝筹股的本质是为了什么要清楚，别自己把自己讲到故事中了。

同学问：班长选的 300249 依米康也行，跌得够深，该涨了吧？

班长答：首先不能说它不会涨，但跌的深不是涨的内在逻辑，需要去挖掘支持上涨的内在逻辑。

同学问：开元投资改名国际医学，点明干细胞方向，有成长性了。

班长答：这名字改的真霸气。目前题材和炒作有了，下一步能否再展宏图要看有没有实质性的东西。

同学问：光线传媒，（1）符合文化产业走出去策略；（2）国产片额最大；（3）与腾讯一起参股呱呱视频。

班长答：本来只有华谊兄弟，结果光线传媒是杀出的一只“华纳”，不过作为三无股民，为什么不去选择更有空间的小盘成长股呢？

同学问：000852 江钻股份，也算国企改革系列的一员，到现在受到国际油价等因素影响，效益不好。

班长答：是的。石油机械占主营，昔日钻头的光环成了“雾霾”。

同学问：新能源汽车，长安汽车。

班长答：能讲故事的多了，这时候要拼下一步——实力。就像现在所有的汽车商，哪个没有新能源汽车，班长选择比亚迪也是新能源汽车，但更是新能源。

同学问：辽宁成大，有广发的股权，还有成大生物、成大医药等，物有所值。

班长答：这也是班长选的原因。

同学问：班长，东方电气也是核电，和上海电气比起来，为什么不能入围？

班长答：如果比能源，当然能入围，但我们不是来听能源故事的，而是来操作的，**如果看空间、股价、盘子这三个因素，上海电气更适合大牛市里机构抱团炒作了**。

同学问：这个行业确实不错，那么还要看看在行业中如何，行业地位分析怎么搞？看 F10 的行业分析吗？

班长答：就像新能源汽车，每家汽车公司都在说新能源故事，但是做新能源的比亚迪是少有的。还有就是，**作为三无股民，当你不能分辨时就放弃，选择看得懂的**。

同学问：班长，您看今天（2015 年 1 月 14 日）回踩密集均线的 300399 京天利，行吗？理由是，（1）提供行业移动信息服务和个人移动信息服务；（2）盘小 6000 万；（3）随着移动互联网的渗透，这个服务的空间应该很大。

班长答：的确很不错，股选好了，等着选时。

同学问：600219 南山铝业，高铁铁杆伙伴，价值低估，成长空间大。铝工业全产业链，不受期货影响。

班长答：价值低估涉及到“估”了就很难说，但简单地展望铝工业全产业链倒有的看，**看完行业更要看股价空间了**。

同学问：600399 抚顺特钢，（1）钢铁行业兼并重组；（2）沿海核电；（3）加快建设空天一体攻防体系。

班长答：是否具备人有我有，我有人无，是一个关键因素。同学们选蓝筹很多，千万别忘了开头讲的为什么研究蓝筹，研究蓝筹是为了什么。**不要自己把自己讲进蓝筹的故事当中了**。

同学问：纳川股份：（1）新能源汽车，2014年新能源汽车累计生产8.39万辆，同比增长近4倍；（2）管网建设有望逐步开启，全国各地陆续开展地下管网普查工作。

班长答：它的优势是什么很重要。

同学问：班长今天讲的是蓝筹成长股，那么蓝筹估值修复不在考虑范围吧？比如近期上涨较多的有色、煤炭，没看到想到有什么成长性啊！

班长答：为什么研究蓝筹成长股，研究蓝筹成长股是为了什么？是为了如果接下来的行情还是以权重蓝筹为主的行情下操作的，估值修复是在熊市后的，如果是牛市里显然不存在，顶多是补涨。如果不是，那就回归到新兴产业的小盘高成长股了。

同学问：蓝筹成长选股要点，一是业绩增长价值低估，二是出现新的成长空间。

班长答：你的这个第一是操作空间，班长讲的也是熊市后的操作空间，但研究蓝筹的目的是为后市如果继续蓝筹主导的行情做准备的，所**以选择最有故事可讲的蓝筹成长股**。

同学问：002583海能达，警用专网通讯对讲机，信息安全需要，有全面取代进口趋势，且已走出国门，此行业需IT和无线通讯尖端人才，行业壁垒极高。

班长答：股选好了，剩下的是选时。

同学问：陕国投，金融创新，西部开发。

班长答：西部唯一上市信托，后市蓝筹行情持续的话，其信托会释放新的空间，不然就没有新动力引擎，这种是股选好了，剩下关注有没有“时”出现。

同学问：600887伊利股份，牛奶龙头，中国人口多，喝奶习惯养成还未普及，内部需求空间很大，引进来、走出去都有空间。2014年习主席访问新西兰促进双方金融和农业贸易，第二天伊利就出公告投资新西兰建厂，跟着GCD走，方向正确。

班长答：牛奶问题一直是个问题，不过视角的确赞。但是，我们不需要真的故事，而是需要故事能讲出更大的空间。

从同学们的问题中，班长发现同学们偏离了要点，有必要再强调一下：

第一，为什么研究蓝筹，复习一下开头讲的；

第二，选蓝筹成长，是否具备人有我有，我有人无，是一个关键因素。另一个因素是有了人无我有的，还要有市场需求。千万别忘了开头讲的为什么研究蓝筹，研究蓝筹是为了什么。不要自己把自己讲进蓝筹的故事当中了。

同学问：中通客车，主要理由是新能源汽车的普及从政府补贴的公交开始，最先受益。

班长答：所以股价新高了，可以选进备战以权重蓝筹主导行情的股池。不过，同学们还要想一想有没有其他蓝筹迎来新机遇。

同学问：江钻股份，一是国企改革，主要体现在行业整合，在石油钻探方面更具优势，二是现在石油暴跌，三是亚洲第一、世界第三钻头产业。

班长答：第一节讲的**独一无二重要，但是如果没有行业空间可能就没有办法获得价值提升**。

同学问：002183怡亚通全球首个互联网供应链平台

班长答：这个故事不错，独一无二，市场需求空间都具备。

同学问：002717岭南园林，（1）工业化南方也成了重灾区，发展园林改善环境空气，全民受益；（2）国家支持；（3）盘很小，有空间。

班长答：（1）和（2）是其他园林股也有的，盘子是个看点，**但从行业来说，不是新蛋糕**。

同学问：环保是今后国家政策重点关注领域，创业环保在天津，靠近北京，是水污染重灾区，治理水污染是环保近期热点。

班长答：行业没错。所以近期也突破了之前的大旗形整理，**但污染治理也不是三年两年就搞定的事，要想有爆发性的受益，环保股最好选小盘**。

同学问：国家在今明两年将重点发展西部，陕西板块是不是有机会，比如达刚路基。

班长答：国家要发展的地方多了，我们讲的是什么先想想。

同学问：大华股份，专注监控系统，符合平安中国反恐需求，有前途，可近来就是涨得不快。

班长答：这个专注的监控系统不错，是智慧城市的一环。至于涨得不快，要看看是不是在蓄势，蓄势整理的话你坐等时机就好了，急也没用。

同学问：601390 中国中铁，（1）全球最大建筑承包商之一；（2）参股券商、信托、银行；（3）南北车整合。

班长答：目前行情和涨幅匹配甚至都透支了，要炒作力度，还要看后面有没有权重蓝筹主导的牛市。

同学问：300124 汇川技术，主产品机器人的侍服电机，具有技术优势。

班长答：机器人这个概念的想象力很大，涉及的部分也很多，同学们可以去挖挖。

同学问：班长，像 000012 南玻 A，题材这么多为什么不涨呢？

班长答：没有讲到这个故事。

同学问：300240 飞力达，（1）看好物流行业的空间及其布局，尤其是高端物流；（2）小盘。就是风咋没来呢。

班长答：这个不错。股选好了，风没来，未必要等风来，选对行业，再等风。**既然盼涨就要看热点，就是选对行业再等风。**等下面技术篇再着重讲。

第三节　实例说明选择成长股的逻辑

看同学们的选股，发现两个问题：

（1）选股忽略了根本，忘记了选什么样的股是为了什么；

（2）研究蓝筹忘了研究的出发点。选股时，标的股是否具备人有我有，我有人无，是一个关键因素。同学们选蓝筹很多，千万别忘了开头讲的为什么研究蓝筹，研究蓝筹是为了什么，不要自己把自己讲进蓝筹的故事当中了。

小盘高成长的选择，在于两个核心：先是行业成长空间，后是个股成长空间。行业空间，关键在于是不是新兴产业，市场需求怎么样，更多的是参与分享未来的蛋糕，而不是行业格局已定的，这样的股你不要想着它未来能不能发展成龙头，就像现在的互联网颠覆了很多传统行业，未来是怎样的，鹿死谁手谁也说不好，所以未来未必是龙头，**关键是在鸡犬升天中我们已经吃到了蛋糕，完成了我们的根本目的——价值投机！**

为什么要研究蓝筹成长股？

是因为蓝筹成长股的成长空间很大吗？

是因为蓝筹成长比小盘成长大吗？

显然不是。蓝筹成长股的空间未必大，蓝筹成长股比起小盘成长股的成长空间也往往比不过，甚至没有可比性。为什么没有可比性？**蓝筹成长股可能是行业重新洗牌或者资源整合迎来的成长空间，或者股价与**

业绩的空间，小盘成长股更多的是分新蛋糕。这是为什么蓝筹与小盘没有可比性的原因所在。

但之所以要讲蓝筹成长股，是为了操作而准备。如最近两个月，行情是权重蓝筹股的天下，小盘股形态普遍不行，不能具备操作的“选时”。再比如2007年的牛市，遇到这样以权重主导的行情，研究了蓝筹成长股，我们就要骑到蓝筹成长的大牛上去，因为这样的最有故事可讲。

反之，如果主导行情的不是蓝筹，没有机构、基金抱团的权重行情，我们当然看更容易炒作、更有故事可讲、更有成长空间的小盘成长股了。

说白了，研究蓝筹是准备操作标的“备胎”。所以，不能再像上节班长讲了蓝筹成长股，你就觉得有多高的价值，你不是手握数十亿上百亿的基金大佬，你不需要讲故事。始终别忘了你来市场是干嘛的，让你投资的目的是获利。所谓价值，是如同那些投资大佬一样，让操作变得“师出有名”。

接下来，班长要用自己选的15只标的股来拉开五年十倍大牛股攻略之路了。给出这15只标的股之后，有同学肯定要来问班长，这些股是不是随便买一只就是五年十倍？答案是否定的，不然就没有必要再往下讲下去了，同学们不要忘了班长在第一节赋予“五年十倍大牛股攻略”的两层含义。

第一，摆正学习态度，“五年十倍大牛股攻略”要的十倍利润重要，而五年后成就十倍的自己更珍贵。

第二，理性投资，清醒交易。前两节包括这一节讲到的股，不要随便买，无论班长怎么讲这股的好。**因为股好不等于获利，就像第一节给同学们看的走势图，企业本身没有变，在左侧跌势里持有就是亏的可能连衣服都没有了，而在涨势里持有才能获利。盲目交易必然要付出惨重的代价。**

本书内容是精简的，没有旁征博引的大篇章，就像行业篇的选股，只有寥寥数言，同学们只需要简单地做到就可以了。但是，**简单地做到却不容易，很容易偏离**。

这里班长再补充个方法：当你选股时，准备好一张纸，左侧写上选择高成长股的条件，右侧写上该股的被选理由。接下来问自己，这些理由是否符合条件。当你看上蓝筹股时，也是一样的模式，准备好一张纸，左侧写上研究蓝筹是为了什么，右侧写选择那只蓝筹股的原因，但你一对照研究蓝筹的原因，一看行情不是权重主导的牛市，那么，那些选择蓝筹原因还重要吗？这就是最简单的，**一只眼睛在场内，一只眼睛在场外看着场内的自己，时刻保持清醒**。

第一股：赢时胜 300377

主营金融系统软件，为金融机构及其高端客户的资产管理和托管业务提供整体信息化建设解决方案的应用软件及增值服务提供商。产品可广泛应用于金融行业研究、分析、投资、交易、风控、监督、清算、核算估值、绩效评估、存托管、数据整合等业务环节。公司已向基金、证券、保险、银行、信托、财务、资管等200多家金融机构提供了专业的信息化系统建设综合解决方案，是金融行业系统解决方案服务商中具有较强竞争力的软件企业之一。

截至2013年6月底，公司与80家基金公司（占基金公司总数的97.56%）、55家证券公司（占证券公司（除只开展经纪业务的证券公司）总数的52.38%）、18家信托公司（占信托公司总数的26.47%）、16家托管银行（占托管银行总数的84.21%）、43家保险公司（占保险公司总数的28.29%）建立了业务合作关系。

发行1385万股，去年三季度有过一次10股送10股，总股本是11070万。

赢时胜与中科金财又不一样了，通过上面公开资料可以看到服务的对象是基金、证券、信托等投资类的。全民炒股时代没有到来，高储蓄率也没有释放，这意味着资产管理的市场前景还大的很，尤其是随着国内私募的逐步放开，所以这是一个独一无二的企业，享受的是未来的市场蛋糕。随着上市的融资，会有更多的资本条件去收购、兼并、扩大、发展，这也是为什么10股送10股之后转眼就能填权。

当然，股价很高，这就像几年前班长说的十倍牛股东方财富，当时有同学说股价很高，班长说等像华谊兄弟、苏宁云商那样10送10，送个三五次或者十次之后股价还高的吓人吗？

当然，这只是选行业、选股，怎么操作是我们技术篇才展开的，先别急着想怎么操作，这里同学们要做的是行业和选股。

第二股：安硕信息 300380

金融IT解决方案提供商，公司的主营业务为向以银行为主的金融机构提供信贷资产管理及风险管理领域的一体化IT解决方案，包括软件开发、实施、维护、业务咨询和相关服务。公司目前主要有四大类产品和服务：信贷管理系统、风险管理系统、数据仓库和商业智能系统、其他管理系统。

目前还没有送转过，发行了1718万股，总股本是6872万股。安硕信息+赢时胜，几乎把金融领域的软件服务全部涵盖了。

第三股：东方通 300379

东方通是班长博客股池的，目前停牌中，是国内唯一上市的中间件软件企业。中间件作为与操作系统、数据库并重的基础软件，在信息系统的整体架构中拥有极其重要的地位。随着信息安全重要性的逐步提升、国家对基础软件投入和扶持力度的不断加大，中间件的国产化替代将进一步提速，而东方通在未来无疑会迎来广阔的市场空间。

发行了1285万股，总股本5591万股，拟2014年度10股转10股派 2 元。

第四股：绿盟科技 300369

国内领先的企业级网络安全解决方案提供商，公司是我国最早从事网络安全业务的企业之一，自创立以来专注于信息安全领域，主营业务为信息安全产品的研发、生产、销售及提供专业安全服务。公司主要服务于政府、电信运营商、金融、能源、互联网等领域的企业级用户，为其提供网络及终端安全产品、Web 及应用安全产品、合规及安全管理产品等信息安全产品，并提供专业安全服务。

公司最新动态有两点值得关注：

一、收购数据安全商。2014 年 12 月，定增购买资产事项获并购重组委通过。2014 年 10 月，股东大会同意公司以 57.40 元 / 股定增 607.32 万股 +1.49 亿元现金，合计 4.98 亿元收购亿赛通 100% 股权。亿赛通主要从事数据安全和网络内容安全管理业务，亿赛通是国内最早从事数据安全防护业务的企业之一，是国内领先的数据泄露防护（DLP）产品、网络内容安全管理解决方案及安全服务提供商。已获得“高新技术企业证书”、“软件企业证书”等多项资质认定。其 2014 年 1 ~ 6 月营业收入和净利润分别为 4008.62 万元和 –47.23 万元。亿赛通原股东承诺其 2014 ~ 2016 年净利润分别不低于 3200 万元、4160 万元、5408 万元，若未达标则向公司补偿。另外，公司定增募集配套资金不超过 1.66 亿元，用于本次交易现金对价和交易费用的支付。

二、落子国产操作系统。2014 年 10 月，公司全资子公司绿盟信息投资 2000 万元获得深之度 10% 股权，该公司是一家研发基于 Linux 内核的 Deepin 操作系统，向行业企业用户提供基于 Deepin 操作系统的解决方案、技术支持和培训等服务的企业。深之度的战略合作伙伴包括科大讯飞、烽火科技、金山科技、网易科技等国内领先 IT 企业；典型客户包括银监会、厦门大学、湖北大学等政府机关及高校事业单位。截至

2014年6月30日，所有者权益500.56万元，净利润 -160.47万元。

上市融资有钱了就是任性，也正是如此的迅速扩展，我们也才有价值投机的机会。2014年公司已经送转过一次了，10股送6股派2.70元，最初发行2115万股，目前流通股3925.41万股，总股本13536万股。

无论是东方通，还是绿盟科技，政府都是大客户，关系到信息安全，涉及到国产化加速，这也是未来市场的一个大蛋糕。

第五股：国祯环保 300388

全产业链污水处理运营商，公司主营业务为生活污水处理，划分为三大板块：生活污水处理投资运营、环境工程EPC和污水处理设备生产销售。公司能够为客户提供生活污水处理"一站式六维服务"，包括研究开发、设计咨询、核心设备制造、系统设备集成、工程建设安装调试、污水处理厂运营等为治理水污染所需的全方位服务。

世界500强企业入股提供技术和运营支持，世界500强企业丸红株式会社合计持有公司30%股权，为公司主要股东之一。日本丸红株式会社创立于1858年，是日本代表性的综合商社之一，在世界70个国家和地区有115家分支机构。丸红将在公司投资新项目需要资金支持时通过注资项目公司给予资金支持，并承诺支持公司引进日本具有国际领先水平的水务技术，包括膜技术、污泥处理处置技术等以增强核心技术能力；利用其国际市场网络支持公司拓展海外市场。公司已拥有污水处理氧化沟工艺、SBR工艺等核心技术。

发行股本2206万股，总股本是8822.65万股。数据显示，2012年国祯环保的市场份额达到1.57%，全国排名第七，这意味着市场份额方面的成长空间，这也是为什么那么多环保股，班长要了最新的"媳妇"。

第六股：史莱克 300382

选择史莱克这只股，纯粹是为了这组股票，不能组合中没有防守股。

主营亮点：易拉罐生产设备，公司主要从事高速易拉罐生产设备的研发、设计、生产、装配调试及相关精密模具、零备件的研发、加工制造，主要产品包括易拉罐高速生产成套设备、易拉罐生产设备系统改造、相关精密模具、零备件等。主导产品易拉罐组合罐生产设备广泛应用于椰树椰汁、旺仔牛奶等产品的易拉罐包装生产上。

这是传统行业中的两大核心竞争力：

一是易拉罐高速生产设备；

二是成本优势。

另外还有电智能机器：堆垛机器手。在机器人产业领域，公司研发的是用于易拉罐生产成套设备生产流水线的堆垛机器手，主要用于成品罐堆垛，此业务已形成收入，并在客户处使用良好。

发行了1330.9247万股，总股本是5323万股。哪怕是出现互联网泡沫，甚至破灭，而该股凭借两大核心竞争力，加之股本及小，高送转预期也是很高的，因为易拉罐我们每天都在用。

剩下三只股票是选自中小板。

第七股：友邦吊顶 002718

集成吊顶龙头，销售额、销售量及市场占有率在集成吊顶行业中排第一名。上市融资后扩大地位，建设集成家居产业园，稳住了自己的行业老大地位，而发行股本只有1310万股，总股本5160万股，等着分享它的扩张之路。

当然，房地产行业指数不景气，作为下游产业不担心吗？

房地产不能一棒子打死，有三方面：

（1）一二线城市的房地产，主要原因是贵，但刚性需求还是很大的；

（2）三四线城市的房地产，是真的供过于求，存量很大，空城鬼城多；

（3）城镇化建设的加速推进。

所以，不是市场不需要集成吊顶了，只是房子贵了，房子建的多了，但是房子建的再多，市场原本的刚性需求没有太大变化，该需要多少还是多少，这是不变的逻辑。

第八股：众信旅游 002707

旅游股 + 在线旅游 + 出境旅游专业运营商，发行股本 1457 万股，总股本 5919 万股。

国内旅游潮持续高涨，尤其是随着这两年外国不断优化对我国出境政策，出境潮也随之升高，该股无疑是最有潜力的。

第九股：怡亚通 002183

主营供应链管理服务行业，公司为国内首家挂牌上市的供应链服务商，力求打造一个集商流、物流、资金流、信息流四流合一的一站式供应链整合服务平台。

深度分销 380 平台扩建，深度分销 380 整合平台项目计划在全国 300 多个城市建设分销及分销执行平台及网络，截至 2013 年末，已在全国近 200 个城市先后落地运作，并成功导入上游品牌客户近千家，包括宝洁、联合利华、雀巢等世界 500 强企业和细分行业前三名客户共 60 多家。380 平台服务涵盖大卖场（KA）等各种终端门店系统共计 55 万多个，并为京东、唯品会等电商客户提供产品。

该股目前全流通，98612 万股，班长为什么讲了一只高送转这么多次的股票？是说它还有非常高的送转潜力吗？等讲完第十只股再说。

第十只：蒙草抗旱 300355

三大亮点：

（1）内蒙古唯一上市园林；

（2）蒙草建设生态环境；

（3）领先的蒙草培育技术。

蒙草建设生态环境，公司立足于我国干旱半干旱地区生态环境现状，培育并运用蒙草进行节约型生态环境建设，是本地区生态环境建设的领先者。蒙草是公司对主要从内蒙古草原、荒漠通过引种、驯化野生乡土植物，选育的用于生态环境建设的具有节水抗旱、耐寒、耐盐碱、耐贫瘠等抗逆性特征的多年生植物的统称，也泛指本地区具有上述抗逆性特征的乡土植物，节水抗旱是蒙草的显着特性。

领先的蒙草培育技术，公司经过多年研发、实践，掌握了野生乡土植物引种、驯化、人工培育过程中的关键技术点，形成了一套行之有效的操作规范和技术流程。目前公司已经从内蒙古草原、荒漠地区选择了近百种野生乡土植物进行引种驯化，已有四十余种植物应用于本地区生态建设，还有二十余种植物正处于试验阶段，将陆续在生态环境建设中推广应用。公司研发培育的二色补血草和地榆已进入全国草品种认证区域性实验阶段。

作为内蒙古唯一上市园林，控股普天园林，2014 年 2 月公司完成向宋敏敏、李怡敏定增 947 万股（28.09 元 / 股），并向李怡敏支付 1.33 亿元现金（需定增）合计收购普天园林 70% 股权（已过户至公司名下）。另公司完成定增 526.11 万股（25.28 元 / 股）募资配套资金 1.33 亿元。交易方承诺普天园林 2013 ~ 2016 年净利润分别不低于 4700 万元、5400 万元、6480 万元和 7776 万元，若低于承诺则按协议补偿。如普天园林 2014 ~ 2016 年平均复合净利润增长率达到或超过 25%，交易标的作价调整为 4.69 亿元，公司将补充支付现金 7000 万元。普天园林专注于城市园林景观建设，通过持续高品质的综合服务与多家大型房地产企业建立了长期合作关系，积累了稳定的客户资源。公司的业务结构将更加均衡，公司可以有效减少异地经营的风险，加快跨区域经营的步伐，有利于增强公司的品牌影响力和行业竞争力。

该股发行 3436 万股，已经完成了两次送转，分别是 10 股转 5 股，10 股送 10 股，现在是 20584 万股的流通盘，44039 万股的总股本。

班长之所以选了怡亚通和蒙草抗旱这两只送转多次的股票进入股池，一方面是因为前 8 只都是上市没多久，有的可能还需要反复洗盘，才能走进主升浪，另一方面是让同学们通过这两只股明白好的股票不是你做一波、搞两次送转就到头了。

当然，如果行情像最近两个月是权重蓝筹主导的行情怎么办？涨的都是权重蓝筹，进入了蓝筹权重主导的牛市，那么别忘了我们研究了蓝筹成长股。

下面讲 **5 只蓝筹成长股**。

第一股：陕国投 A000563

两大亮点：

第一点：主营信托

公司目前是中西部地区唯一的上市信托公司和陕西省最早的省属上市金融企业，实际控股人为陕西省国资委。

公司为省内外交通、城市基础设施、能源、重化工、装备制造、房地产等优势产业提供金融服务，实现信托主业与自有资金投融资业务的协同发展，努力打造为国内一流专业理财金融机构。2014 年上半年，公司新增信托规模 312 亿元，顺利兑付 181 亿元，信托规模过千亿元。公司凭借稳健的经营业绩和长期积聚的区域影响力，公司连续四年荣获“中国最具区域影响力信托公司”。

第二点：大股东陕煤化集团

陕煤化集团间接持有上市公司建设机械 (代码 600984)24.95% 股权，直接持有开源证券 90.50% 股权，间接持有开源证券 3.3% 股权，通过下属全资子公司黄陵矿业集团以及控股子公司开源证券分别持有陕西省长安期货经纪有限公司 60% 及 40% 股权，持有幸福人寿保险公司 8.02% 股权，持有长安银行 20% 股权。

7.5 亿的流通盘，12 亿的总股本，而该股最近半年的涨幅还不足一倍，也就是说如果未来蓝筹主导的牛市继续的话，无疑该股有讲不完的故事，可以让机构炒的师出有名。

第二股：双汇发展 000895

国内最大肉类加工企业，绩优蓝筹，最近一口气买了 24 亿的保本型理财产品，行业靠谱儿，业绩稳定，现金流充沛，在蓝筹主导牛市中也可以被机构师出有名的讲故事。

22 亿股的总股本，12 亿股的流通盘，尤其是这波没有怎么涨，所以接下来蓝筹牛市如果继续的话，潜力很大。

第三股：比亚迪 002594

选它的原因不仅仅是新能源汽车，而是新能源加新能源汽车。中国汽车工业协会公布轿车生产企业销量排名中位列第 6 位，而在国内非合资轿车生产企业中位居第 1 名。

走势和双汇发展类似，也算只次新股。23.5 亿股的总股本，7 亿的流通盘，加上巴菲特效应，如果蓝筹行情继续，比亚迪可讲的故事无疑也很多。

第四股：中国重工 601989

选择行业的角度是航母强国梦，公司可研制和生产超大型水面舰船、导弹驱逐舰、油水补给舰等各类各型号的大型水面、军辅船舶。大船集团曾为海军建造 40 多个型号 800 多艘舰船，依托中国海军水面舰船最强最大的建造基地，具备强大的军工配套优势。公司是国内第一批进入国际船舶市场的船企，创造了中国造船 70 多个“第一”的产品，被誉为“中国造船业的旗舰”，在国际船舶市场享有盛誉。武船集团是国家船舶工业“创新能力十强”企业，拥有具备国际先进水平的高端船舶和海洋工程的研发平台，拥有国家级的企业技术中心及一大批自主知识产权，高端船舶总装建造及配套生产能力国内行业领先。

第一看点：大船集团 & 武船集团

大船集团被誉为新中国“海军舰艇的摇篮”，目前是我国最大的水面舰艇建造基地。

第二看点：国产航母蓝图

2012 年 9 月，公司作为重要参与方的中国首艘航空母舰“辽宁号”正式交接入列。根据国内外军事专家推测，从几大海域保护角度考虑，我国需要 3 艘以上航母；在未来的 5 ~ 10 年中，我国很可能进一步自主建造一艘或多艘国产航空母舰以及与之配套战斗群。据国外经验，建造航母编队对国家整个产业升级起着极为重要的拉动作用，每支航母编队造价近 200 亿美元。同时，2013 年 4 月国防白皮书显示我国海军已成为优先发展军种，并正由近海防御型海军建设转向远海机动作战能力建设。预计未来 20 ~ 30 年，中国海军装备需求将保持强劲增长。

第三看点：资产注入预期

军工资产化龙头，公司是中船重工集团公司确定的上市旗舰，重工集团是中国最大的造修船集团之一，拥有 46 家工业企业、28 家科研院所，总资产 2221 亿元。集团战略目标是创建中国最强最大、国际一流的船舶集团，成为中国造船业的主导力量和中国海军装备最强最大的供应商。集团公司制定了“整体上市、分步实施”的主营业务上市方案。2009 年上市前将 12 家企业和 4 家研究所的 16 家科技产业公司整合并实现 IPO。2011 年将大船重工、渤船重工以及北船重工、山船重工等共 4 家船舶企业注入。2012 年发行可转债，将武船重工以及其他 5 家全资子公司和中船重工船舶设计研究中心部分股权注入上市公司。目前还未注入的资产包括天津新港船舶重工等公司、重庆液压机电、重庆清平机械厂、重庆华渝电气仪表总厂、重庆江陵仪器厂等企业。通过资产注入，公司军工军贸收入占比预计将大幅提升到20%以上，最终形成以军品为核心，包含军品业务、海洋经济业务、能源交通装备及科技产业、民船制造及修理改装业务、舰船装备业务等五大产业布局。

该股完成了一次10股送6股，这波涨幅中，创出了历史新高（复权后）。183亿的总股本，163亿的流通盘，蓝筹权重主导牛市的话，依托航母梦，无疑有可持续的话题可讲。

第五股：一拖股份601038

农机龙头，目前是我国规模最大、技术最先进、综合实力最强的拖拉机生产企业之一，主导产品包括大、中、小系列轮式拖拉机和履带式拖拉机，以及非道路用柴油机等，公司的技术实力代表着国内拖拉机领域的最高水平。随着城镇化加速推进，土改后将走向规模化经营，而耕作方式将发生颠覆性变革，土改是未来几年的事，如果未来继续牛市的话，该股正好有故事可讲。1.5亿的流通盘，10亿的总股本，加之次新股。

小结：

（1）这么多小盘股是怎么选的？

你不需要到处找研究报告，最简单的方法——先盘子后行业，不懂行业，可以上网查查。比如，这几天申购的新股，你就可以先看哪些盘子小，然后再看看它们都是经营什么的，就知道有没有潜力了。比如，第三股东方通申购时或者上市后，你看它小盘有兴趣，去翻看它主营看到中间件，如果不知道是什么，百度一查就了解了什么是中间件。

（2）为什么机构普遍害怕小盘股，创业板？

作为散户，和机构的立场是不同的，机构害怕小盘股是因为仓位做不到随进随出，这是散户投资者应该客观看待的，虽然创业板里的股票不都是创新型企业，但是技术创新是第一生产力，最有成长价值的一定不在主板而在创业板、中小板。

15 只股票讲完了，最后提醒两点：

（1）同学们要记得研究蓝筹的目的是为了什么。

操作前提是要有的，不能因为班长说上面蓝筹多少你明天就追进去；

（2）10 只小盘成长股，也不要随便买进。

正如一位同学总结的：价值选股 + 趋势选时 + 控制风险 = 绝对收益。现在，才完成了第一步，价值选股，后面技术篇会讲到如何选时以及控制风险。

第二章　大牛股攻略之技术篇

技术篇是通过例股来给同学们讲解如何操作标的股。**操作标准围绕两个方面：买方面，是以“抓住起涨点”的买进方法为核心；持股策略和卖出方面，是以“将牛势进行到底”的持股策略和卖出策略为核心。**用一句话概括技术篇，就是**学习猎杀的操作技巧和运作策略**。

第一节　了解走势的趋势节奏和根本逻辑

今天（2015年1月16日）赢时胜的涨停，安硕信息的冲击涨停，两股的走势预示着中国开启资产管理的“盛宴”，但是班长发现有些同学存在着迷信班长选股的情况，希望同学们不要迷信班长选的股，免得“走火入魔”。**摆正学习心态，保持学习认识，这才是关键**。不然，你很难成就“十倍”的自己。

第一股：东方财富300059

图2-1是东方财富上市后的周K线，**看图就一定不能忘记出发点，就像研究蓝筹股时始终不能忘记是为了什么而研究，不然就容易迷失在研究中，把自己讲到故事中**。

我们来看图中东方财富的大概趋势和节奏：

图中明显的下跌趋势。当然，下跌趋势是走出来的，没有走出来之前呢？没有走出来是1区，但1区没有形成气候，没有扭转走势，那么后面的跌跌不休就是顺其自然的下跌。后面也出现了类似 1 区的 2、3、4、5 区，但都没有扭转走势。拐点在 6 区，确认扭转跌势，形成涨势的是 7、8 区，这半年东方财富几乎成了人人都叹为观止的大牛股。

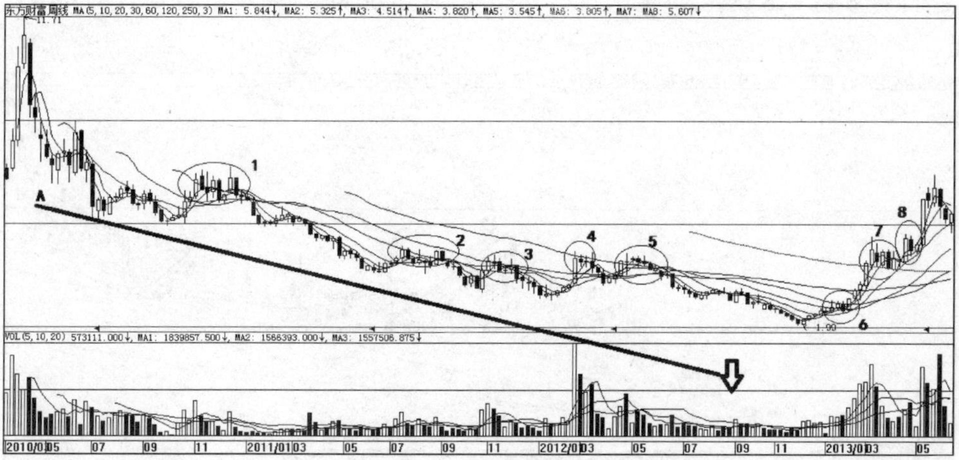

图 2–1　东方财富（1）

所以，股票真的没有好坏。对于散户来说，只要在对的时间点持有，能赚钱获利的就是好股。而我们行业篇的选股，**不过是选那些涨起来更有故事、更有空间、更能获利的而已。**当我们选了一只潜力行业里的潜力股，**什么时候“娶进门”才好呢？**这就是我们这节要做的研究了。

再来看周 K 线上的大趋势和大节奏，再好的股票，步入跌势，还连创新低的，都是不能“娶进门”的，哪怕那只股票的行业有多么好，哪怕我们对企业的成长坚信不疑。当然，如果换作资金运作者的角度，要布局建仓，就另当别论了。这是我们散户的前提条件。

如图中的 1、2、3、4、5、6 区都是跌势的反弹，有同学或许想知道怎么判断 6 区是突破？**班长不会教你怎么分辨哪一次是真的突破而不是反弹，因为班长也不知道怎么分辨，为什么要判断呢？急什么呢？等走势给你确认就好了。**

所以，别怕跌势里 1、2、3、4、5 区那么多次的反弹“勾引”你，不见兔子不撒鹰，不见反弹被走势确认为反转，扭转跌势步入涨势了就是继续看。6 区之后出现了 7 区，突破所有均线，终于拨云见日，7 区之后是 8 区，8 区之后是大涨，终于步入了涨势，涨势之后是什么呢？

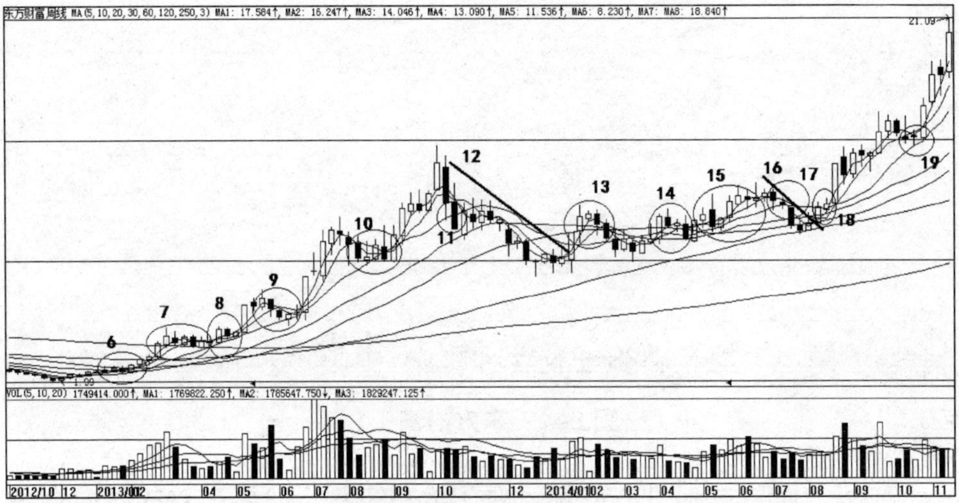

图 2–2　东方财富（2）

图 2–2 是东方财富周 K 线的后半段，8 区之后是 9 区，9 区之后是 10 区，一路高歌。跌势里是跌了又跌，而涨势里是涨了又涨，这是大趋势。10 区之后是 12 区，12 区高点后在 11 区跌破了 20 周线，从此开始节节败退。

作为操作者，不怕涨不怕跌，不盼涨也不盼跌，涨了符合持有就持有，跌了符合卖出就卖出，没有兴奋或懊恼，有的是淡然与平静。

11 区之后爱跌就跌，想涨就涨，总之我看着就是，13 区来了，要突破了吗？没有突破我就看看，不突破就作罢，14、15 区仍是如此。不同的是 15 区这里有一小波上涨，到 16 区后出现了一小波下跌，17 区跌破 10 周线的加速下探，18 区出现扭转这波小跌的走势，然后展开了一波主升，仅仅在 19 区出现了 10 周线的回调。

1、2、3、4、5 区的跌跌不休与 6、7、8、9、10 区的节节新高形成鲜明的对比，但东方财富仍是东方财富。**大趋势讲究扭转原来趋势，步入新趋势**，小级别的趋势也是如此，16、17、18 区是，12、11、13 区也是。

需要再次强调的还是不需要你去判断扭转，你只需要耐心等待扭转。就像最近的股票，一些操作者担心跌，卖了，结果立马涨停，懊恼不已，其实你有什么可担心的？耐心持有，等待趋势扭转再卖不行吗？反之也是如此，你再看好的股票，且不说你的看好靠不靠谱儿，慌张入场做什么？**等待步入涨势再入场不行吗？这就是为什么技术篇上来班长要讲大趋势，就像行业选股放在第一，是因为潜力股选不对，再努力可能也走不了多大波澜，而操作的方向不对，再好的股票再努力，不是在对的时候进去，也不会赚钱**。

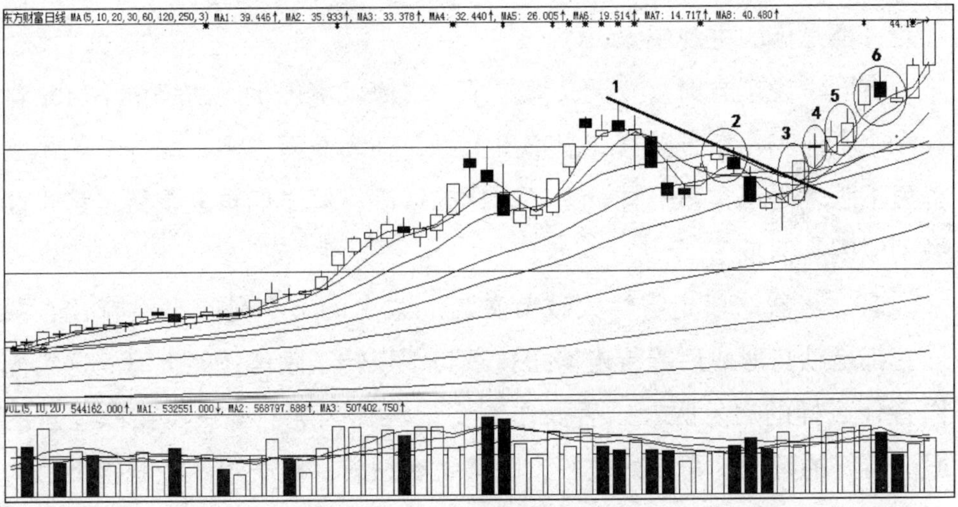

图 2-3　东方财富（3）

我们讲完了周线上的大趋势、大方向和大节奏，日均线级别的趋势、方向、节奏也是类似的。图 2-3 是东方财富的日 K 线图，是最近的走势。1 区高点后先后跌破了 5 日、10 日均线，形成了一小波下跌趋势，还能上涨吗？他想涨盼涨，你说你看涨觉得还要涨，这些主观性的东西都不重要，**重要的是要上涨得先扭转这一小波跌势。2 区出现了行动，但是未能挣脱均线的枷锁**，又跌了回来。作为操作者不就是静静等待，伺机而动吗？所以把他的“盼”扔一边，也把你的“觉得”丢一边，静静等待。

3 区出现拉升突破所有均线，4 区回踩均线不破，5 区连续两根上影线，6 区新高回踩 5 日均线，而后大阳继续拉升。**3 区的突破，突破了原来的跌势，但未必能展开新的涨势，可能只是从跌势转为震荡势。**我们也可以从另一个角度来看，看这波走势加速出现在哪里？出现在 6 区新高以后。当然，3 区突破、4 区回踩、5 区连续拉升，**已经确立了新的涨势，但这个涨势能不能突破 1 区高点你不能确定，你担心，担心不是多余的，可以等等看**。那么新高后呢？新高后的担心它下跌怎么办？但它现在就是涨势，你担心的下跌就像跌势里你觉得要涨一样不靠谱儿，都是你的主观想象。

有同学说东方财富今天又涨停了。涨停就涨停了，涨势里不就是这样涨个不停吗？东方财富在涨势里上涨，在新高后大阳、涨停，**就像跌势里下跌才是正常事一样，有了这样的认识，同学们再去看待走势也能做到似闲庭信步了。**

退一步看这段走势，大致节奏与周线上的节奏是不是没有什么两样？**都是跌势形成后等待走势扭转跌势，扭转了跌势才能上涨**。这给操作者什么样的启发呢？以后操作你要记得什么呢？**坚决不买跌势里的股。再好的行业，再看好的股，跌势没有扭转，买了也不能获得上涨的利润！**

第二股：易华录 300212

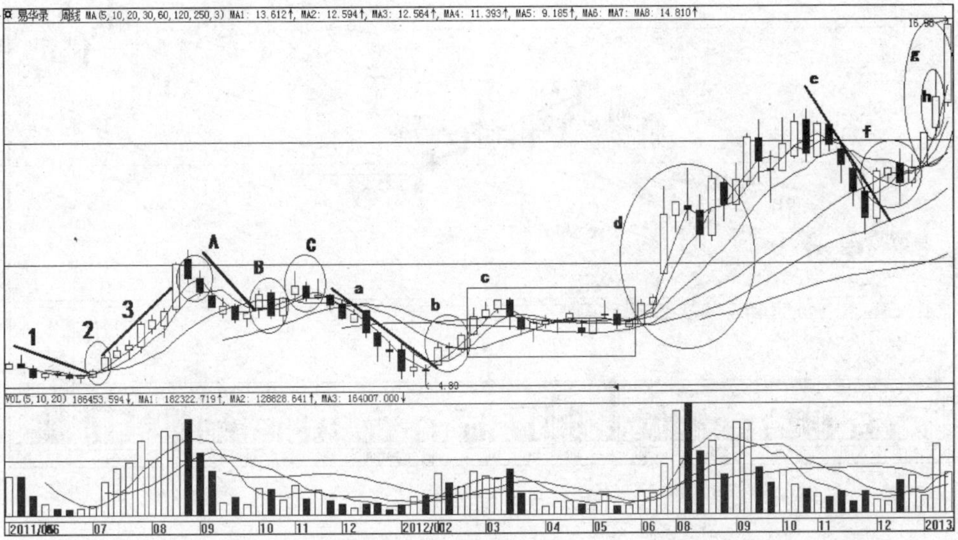

图 2-4　易华录（1）

看完了东方财富的趋势和节奏，再看其他**走势全是趋势、节奏**。如图 2-4 易华录所示，图中 1 区的下跌趋势，2 区的扭转，3 区的拉升，A 处走势下跌确立了见顶。见顶后形成 A 下跌趋势，B 处出现扭转信号，C 处小幅拉升未能展开新的涨势，回落后跌破 30 周线形成新的跌势 a。新的跌势 a 后出现了扭转信号 b、在 c 处反复整理，整理再度突破均线，走出拉升段 d。拉升段 d 之后在 e 处出现高点，形成新的跌势 e，f 处出现扭转信号，而后出现 g 拉升段，当然图中 h 的上影线是消化了 e 高点，所以 h 之后大阳。

大级别趋势里，大级别的跌势需要被扭转，扭转步入大涨势后，在大涨势里也存在小级别跌势，小级别跌势就需要小级别的扭转。如果说大级别趋势选的是方向，那么小级别趋势解决的就是买点。

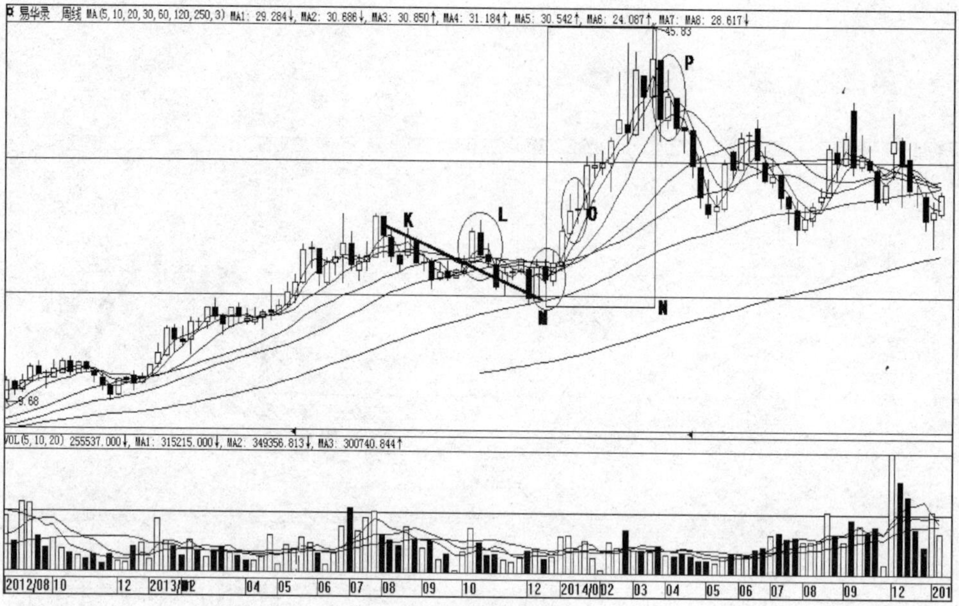

图 2–5　易华录（2）

图 2–5 是易华录周 K 线的后半段，前半段最后步入了涨势，步入涨势后一路上涨，涨势中出现了调整。

事实上，当涨势出现结束涨势后，开始的跌势是小跌势还是大跌势，谁也不能确认，班长也不想确认，班长对于确认的事并不喜闻乐见。**同学们也要学会像班长一样，养成这种很好的“懒习惯”。别什么都想去确认，留给走势去确认**。如同 K 区高点后谁也无法知道后面是新高，还是开跌，等就是，跌破持股线就卖了，不跌破就持有。对于持股线，班长后面会讲，同学们不用着急，这里**先记住这种节奏**。

K 区高点后接连跌破均线形成小的跌势，L 区拉高但未能形成什么气候，而后再度步入跌势，你要做的就是**耐心等待**。终于在 M 区出现了信号，哪怕你觉得后市还要大跌，但当你看到走势 M 区时，就要有所准备了，准备什么？如果扭转跌势了怎么办？要知道易华录可是你选的潜力股，是你非常看好的潜力行业，当走势扭转跌势，步入涨势的走势出现时，你当然要打起精神做好准备。

M区突破所有均线之后走出了一展升势的N段拉升，尤其是O区之后突破了K区高点，拉升后在哪里终止了呢？我们研究了跌势被涨势扭转，还要看涨势怎么被跌势扭转的。看P区，先后跌破了5、10周线后开始一蹶不振，节节败退。

假设你认为易华录还有非常大潜力，那么现在怎么办？我想同学们的答案应该一致的：静静等待，等待扭转跌势，步入涨势。如果你的答案跟这不一致，那就再复习一下本节内容。

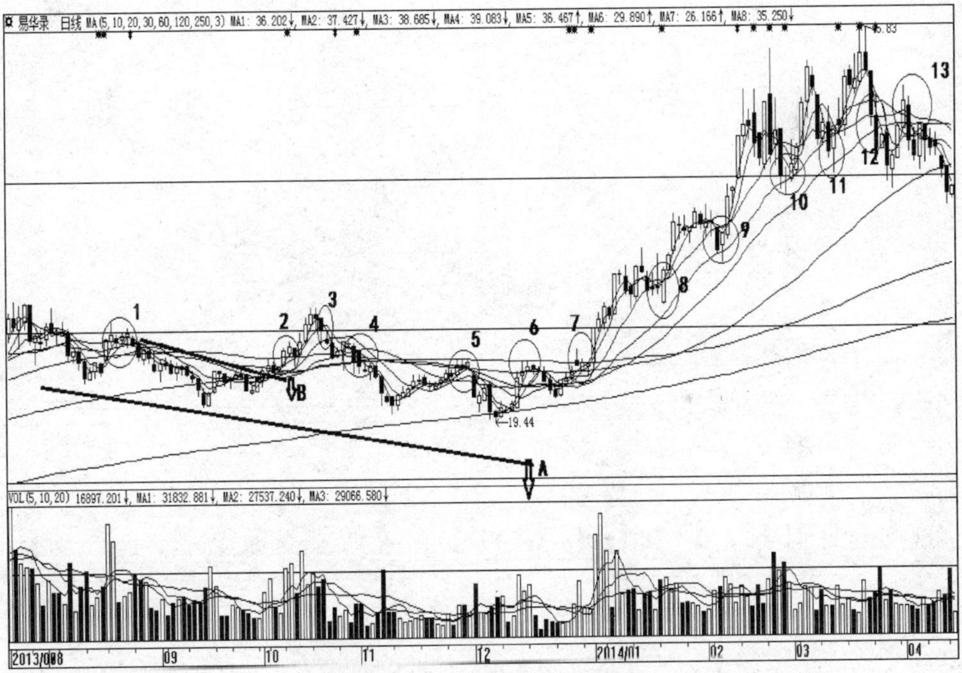

图2-6 易华录（3）

再来看看易华录的日均线，大趋势A都会看了，包括大趋势里的小趋势B也一样。像小趋势B里的2扭转，拉升后3再度跌，跌破后4再度回到大跌趋势A。

图2-6这里可以完成一波买进卖出，具体买点下节会讲到。后面6扭转信号，7扭转信号，**每一次信号的出现都可以让我们抱着美好的期**

望，但是期望归期望，我们需要等待最终那个确立新涨势的走势。

7之后出现了一波拉升，拉升后在8处出现了震荡，突破了1高点，而后展开了一波拉升。一波涨势结束要怎样？要出现扭转涨势的跌势。直到12跌破30日均线，13反抽不能收复，确立跌势形成。

第三股：美盛文化 002699

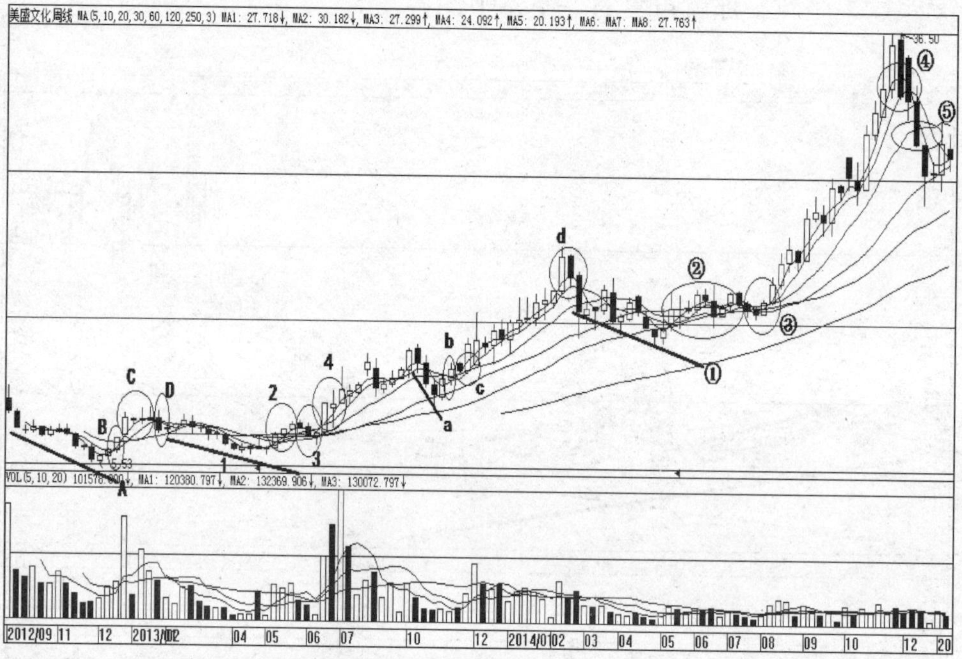

图 2–7　美盛文化（1）

无论是什么走势，都是由这样大大小小的趋势和节奏构成。A是下跌势，在没有出现B扭处转跌势A之前，不要再因为自己觉得要涨，或者某人看好而买进。B处扭转，C处拉升，D处再扭转C涨势而步入新一轮跌势。新一轮跌势1，被2扭转，3回调4拉升展开升势。涨势里也有小级别跌势，小级别跌势a，b扭转了a，c是扭转跌势后的买点。

涨势里各种级别的回调很多，回调是不是回调不需要猜测，只需要在跌势扭转涨势时离场、观望，直到跌势被扭转。d之后形成新的跌势

①，②出现扭转和反复，③再度突破后形成一波拉升，**③之后的这波拉升注意加速出现在什么时候？出现在越过 d 高点之后**。这一波拉升直到跌破 5 周线，10 周线，⑤之后确立跌势形成。当然，操作看周线太坑爹，我们**只不过是在周线熟悉大方向和大节奏**，回到日均线还是一样的，就像第一股的东方财富。

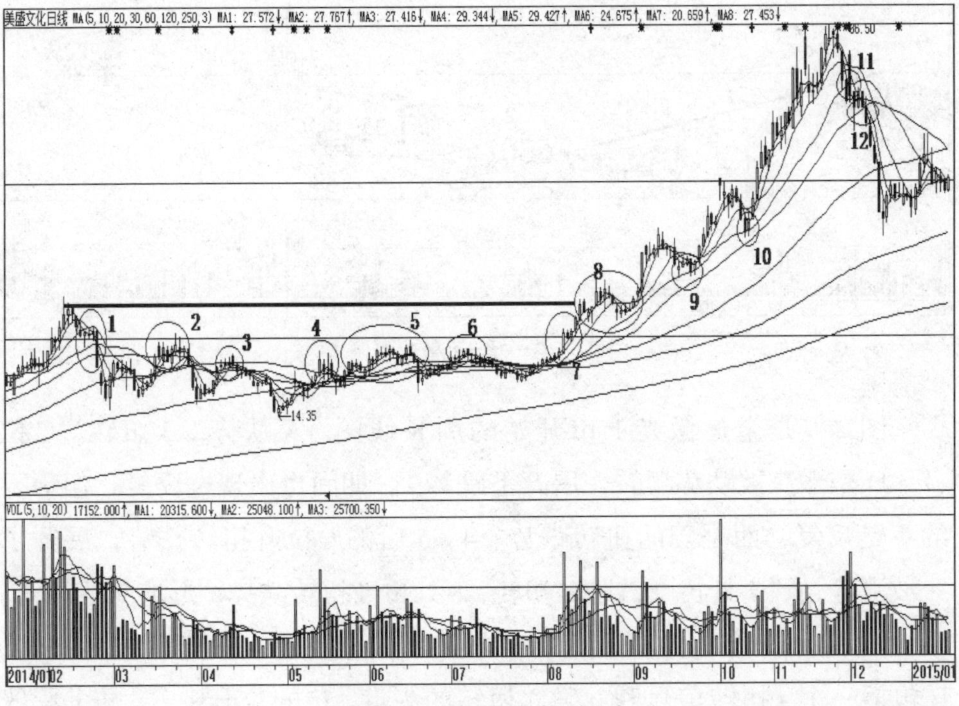

图 2-8　美盛文化（2）

跌势形成后 1、2、3、4、5、6、7 反复了很久，直到 8 的出现突破了 1 的高点，走势开始加速。9、10 的在 20、30 日均线换档，11、12 的跌破 20、30 日均线宣告了跌势扭转了涨势。这里有同学或许会问，是不是 20、30 日均线意味着趋势结束？**不要急着找标准的，因为股市的标准很不好定，这里你先记住趋势与趋势被扭转，以及趋势中的节奏。**

第四股：金运激光 300220

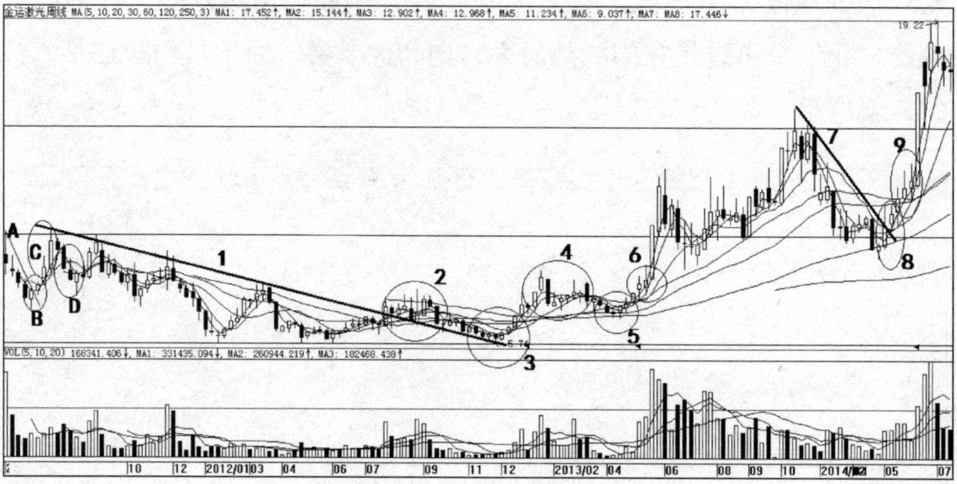

图 2-9　金运激光（1）

图 2-9 是金运激光上市开始的周 K 线图。A 跌势，B 扭转，C 拉升，D 是涨势被跌势扭转，展开下跌势 1。期间也出现过反复，但你要的不是反复，而是真的扭转跌势。4、5 后的 6 拉升扭转跌势，展开了一波涨势，到 7 处再度被跌势扭转，8 处再度扭转跌势，形成 9 的拉升。

图 2-10 是金运激光上市初的日 K 线走势图。A 跌势后被 B 扭转，B 包括一个 a 扭转信号和 b 确立扭转的买点。C 的拉升中，c 的上影线对应了 A 高点，越过高点后加速拉升。D 的 e、f 对应了 5 日、10 日均线，相继告破，确立了 C 涨势被扭转，E 跌势形成。E 跌势形成后 F 处出现了扭转，H 拉升，拉升后未能创出新高，I 处再度跌破 5 日、10 日均线，形成 G 跌势。G 跌势后出现了 K 的扭转信号，L 的突破。不过，遗憾的是 M 处再度跌回跌势。

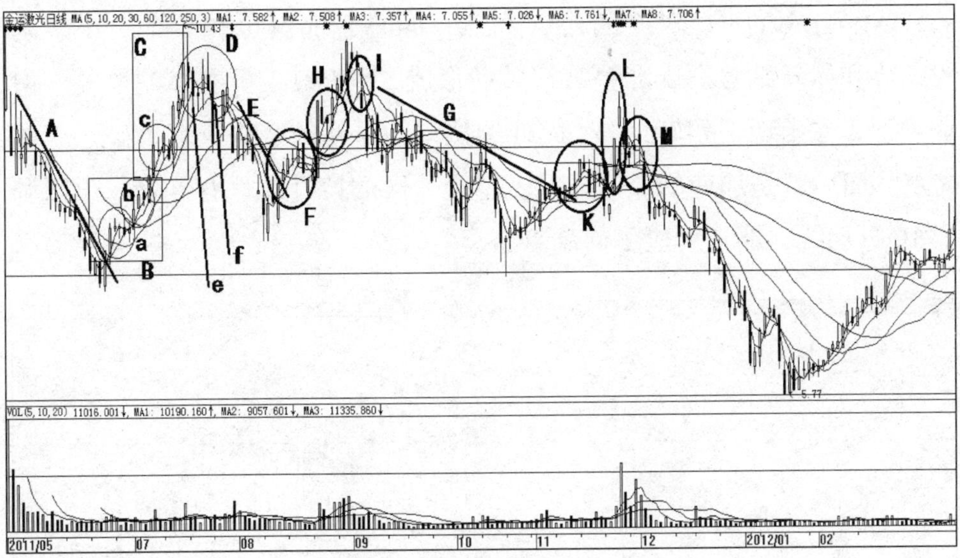

图 2-10　金运激光（2）

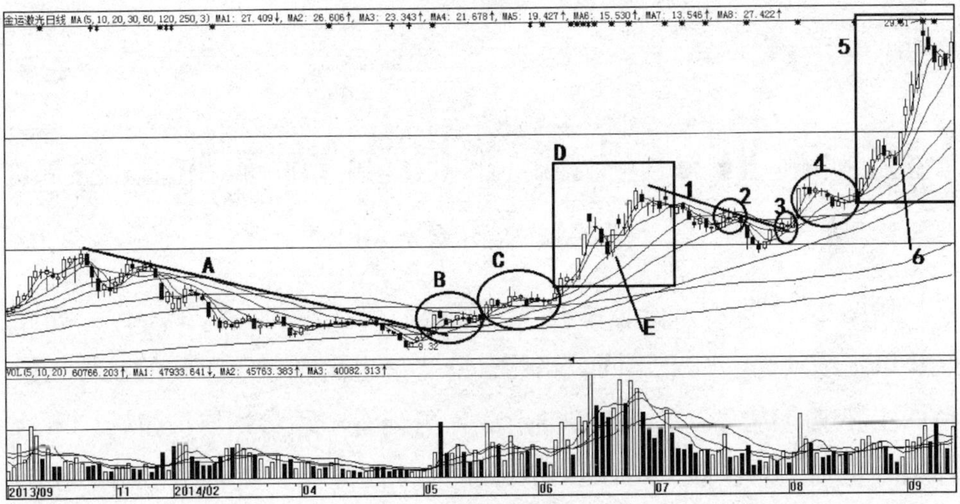

图 2-11　金运激光（3）

图 2-11 是金运激光的日 K 线走势。这时候看走势可以暂时不要理会是哪一只股了，**只需要抓趋势里的大小趋势和节奏**。虽然是你看好的股，但是跌势 A 形成，唯有静静等待，在跌势里买进并不能获利。B 出现信号、C 突破，扭转展开新的涨势。

D涨势中的E，对应的是A高点，同时E那里也有一个更小级别的跌势和扭转跌势。D涨势被扭转后形成了跌势1，虽有2的反复，但是直到3才出现了扭转信号。4处的拉升确立新的涨势，且突破了1的高点，而后就是加速的5区拉升。整个5区的拉升，只有6处一次回调了10日均线，那里对应了前高点。

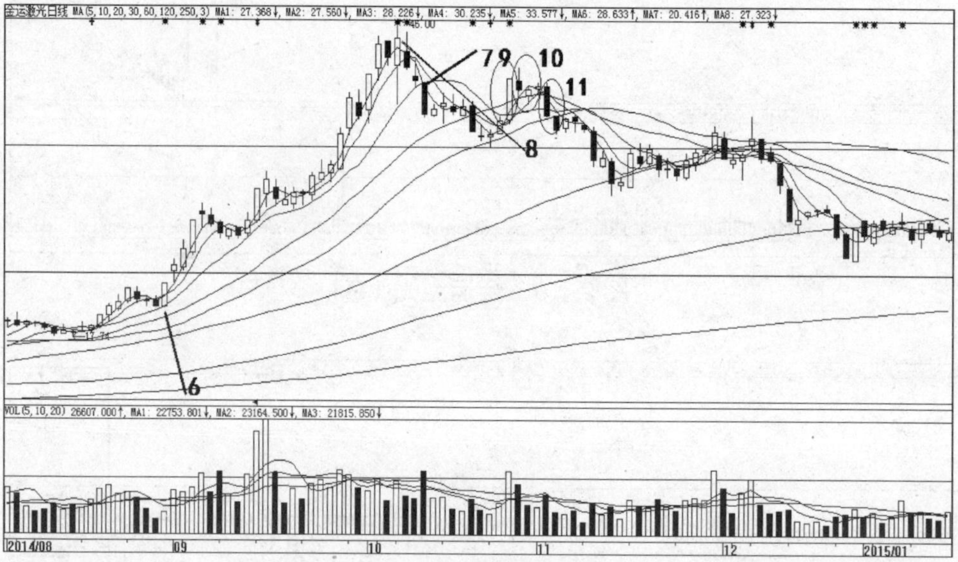

图2-12　金运激光（4）

如图2-12所示，金运激光步入涨势后延续涨势、涨个不停，如同跌势里延续跌势、跌个不同。当然，涨势里也出现过小级别的跌势，但是你能静观走势，会看小跌势的形成，更会看小跌势如何被扭转，重拾升势。直到7的跌破10日均线，确立了8的高点，扭转了涨势。扭转涨势后进入跌势，要想继续上涨需要扭转这个跌势，9的出现有了希望，10处甚至你都迫不及待不想等新高就买进了，但是当11出现了，意味着跌势形成，不得不面对现实离场。只有这样，后面的大跌才跟你没关系。

第五股：美的集团 000333

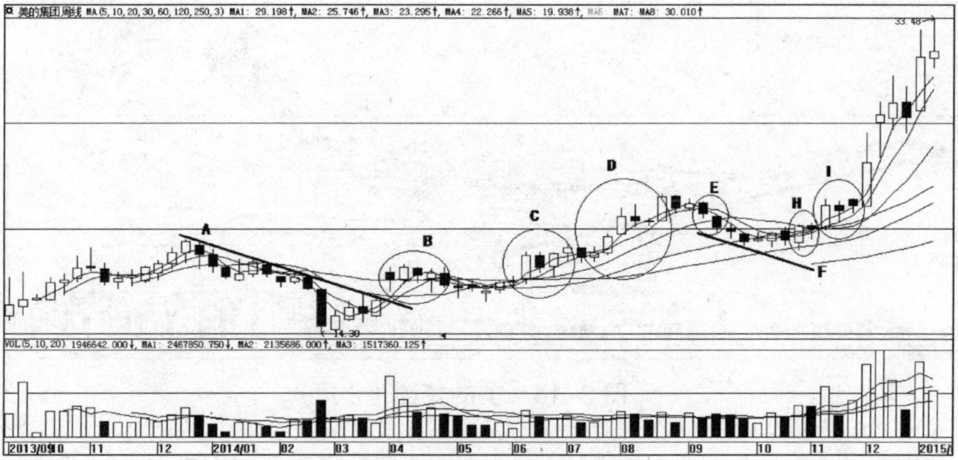

图 2–13　美的集团（1）

图 2–13 是美的集团的周线图，跌势 A、B 扭转跌势，C 拉升，突破 A 高点后是 D 的加速拉升。D 加速拉升后在 E 处被宣告涨势被扭转，步入跌势 F，离场观望，跌势 F 与你无关。虽然**跌势与你无关，但是你在静静等待，等待 H 扭转 F，I 处上车，或者新高后上车，新的涨势却与你有关。**

图 2–14 所示的美的集团的日 K 线，是最近一段的走势。**周 K 线上是趋势和节奏，是涨势、跌势的互相终结，日 K 线也是这样的节奏。**

A 跌势形成，1 区酝酿，其实我们才不在乎酝酿，只是当作酝酿也无妨，但**我们不会根据酝酿就买进，我们要的只是扭转才跟进**。2 区酝酿，3 区突破，4 区回踩买进，买进就涨。拉升一段后出现了高位横盘，B 区，随着 10 日均线的上移，出现了 5 区的跌破 10 日均线，而后再度拉升，C 区又出现了横盘，随着是 10 日均线的上移，在 6 区又跌破 10 日均线，这意味着 10 日均线不是一成不变的有效。

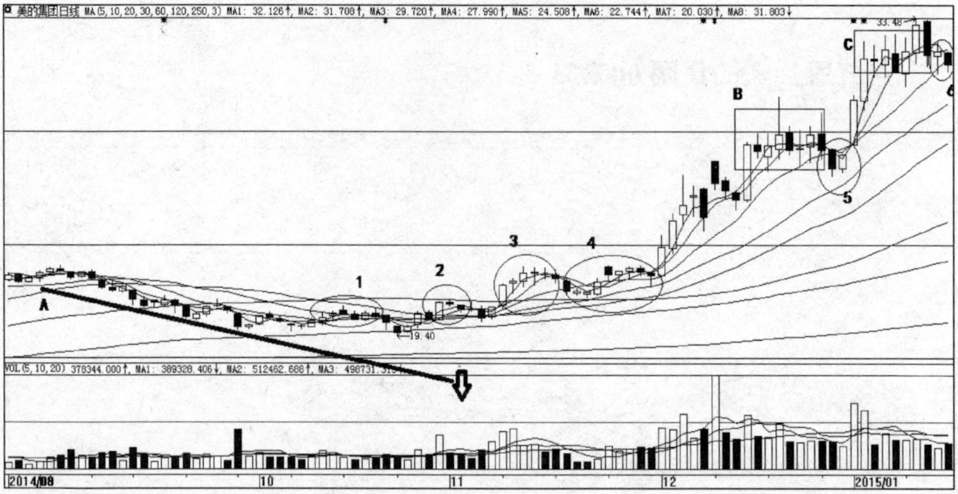

图 2-14　美的集团（2）

第六股：潍柴动力 000338

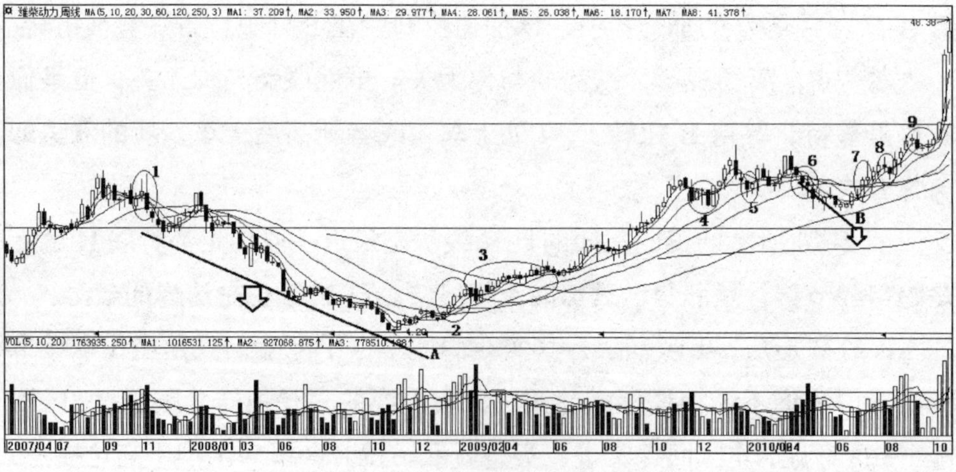

图 2-15　潍柴动力（1）

如图 2-15 所示，潍柴动力的跌势一目了然，不要因为班长或谁说了潍柴动力好就买进操作，**只相信走势**。

2 区出现信号，3 区果然突破，形成涨势、入场，4、5、6 区面临的是前高，出现了反复震荡。在 6 区以至出现了跌势 B，随后被 7 区扭转，8 区确立，9 区突破新高，而后大涨。

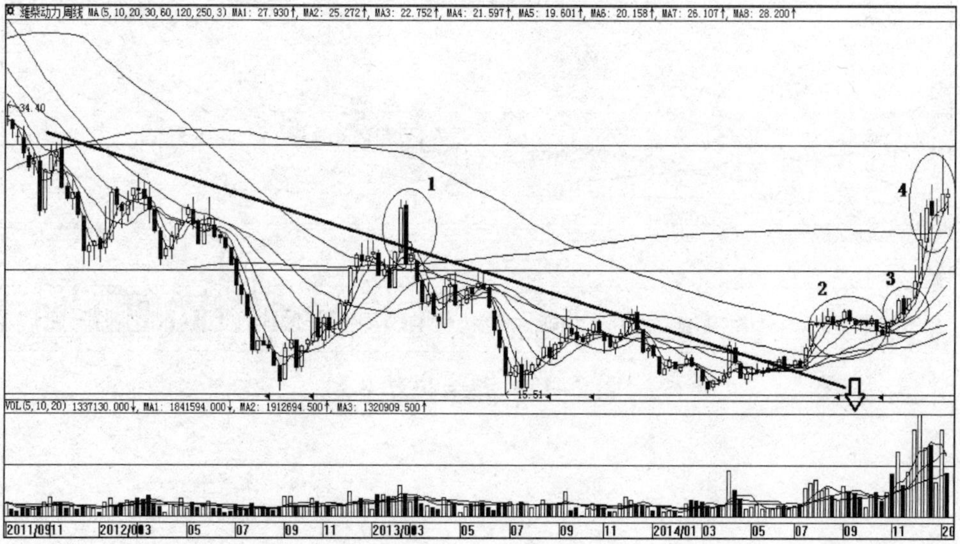

图 2–16　潍柴动力（2）

图 2–16 是潍柴动力周 K 线的另一段走势。

一目了然的跌势，你不会感兴趣，因为**你知道只有涨势里持有才会获利**。

跌势里出现的插曲 1 也未能被确认，继续让走势自己去折腾；直到 2 酝酿后的 3 突破，一波拉升，**4 这里才真正站上所有均线**。

图 2–17 是潍柴动力的日 K 线图。1 区高点，2 区相继跌破 20 日、30 日均线，形成跌势 A；3 区未能扭转跌势，4 区再度尝试，出现扭转，**5 区终于突破前高点 1 区，6 区回踩，而后一路拉升**。

拉升后出现震荡，随着震荡 10 日均线上移走平 5 日均线，出现了 7 区的跌势，跌破 10 日均线，但是不破 20 日均线。8 区扭转 7 区的调整重拾升势，9 区跌破 10 日均线。**10 区这里是个转折点，是扭转 9 区下来的跌势还是确立跌势形成，拭目以待**。

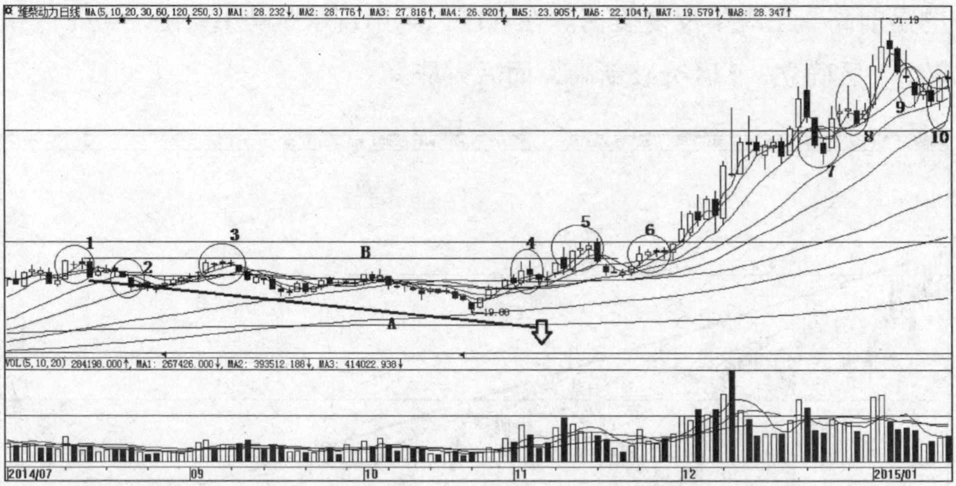

图 2–17　潍柴动力（3）

第二节　三类买点的具体方法

上节我们讲了一个核心：**股票要上涨，必须先扭转跌势，但扭转跌势后未必就是上涨，可能是震荡或者再度下跌。**上节的潍柴动力就是这样的走势，如图 2–17 所示，2 区之后没有出现扭转跌势的涨势，而是出现了 3 区的跌势，这样的走势就跟你没有什么关系了。这样的节奏，在走势中无处不在。

第一股：潍柴动力 000338

如图 2–18 潍柴动力左侧的 1、2、3、4 处所示，假如我们看好潍柴动力这只股，但看好并不能作为买入依据，还要选时。在 1 处这样的跌势里显然不能买进，因为**我们觉得可能要扭转跌势，远远不如走势走出了扭转跌势的走势**。2 处之前的上涨，我们不知道是不是反弹，你再觉得不是反弹，或者你再觉得是突破，都是你的主观猜测。哪怕你的猜测再准确，都需要等走势确认。等出现了2处的突破所有均线，2处的突破扭转了跌势，突破就意味着新的趋势形成。但面临1处高点，随即3处又突破了1处的高点，那么4处的回调就是买点了。

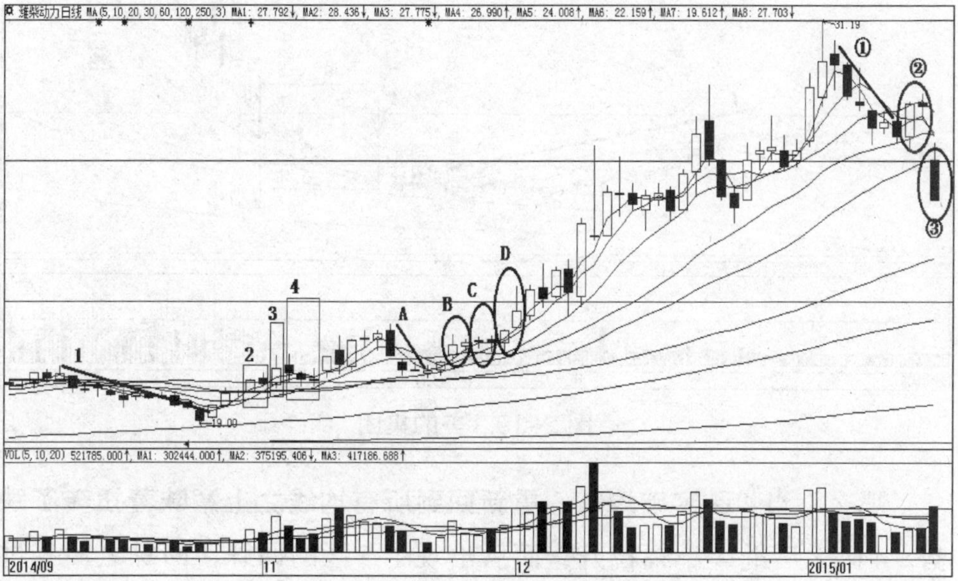

图 2–18　潍柴动力

再看图2–18中的A、B、C、D处，A处这波小级别下跌，B处的上涨扭转了A处的下跌，C处的回踩不破均线，D处的突破A高点创出新高。这里有个问题，是扭转跌势后就买进，还是新高后买进？从这两例里看，**突破前一波跌势的高点后的拉升幅度，要比扭转跌势后的拉升幅度大**。但我们不要急着下结论，接着往下看。

第二股：美的集团 000333

如图2–19美的集团所示，跌势1区，在跌势没有被扭转前，你不会再根据你的感觉要涨而买进了，即便出现2区的蓄势，3区的蓄势时，**你也要知道蓄势只是蓄势，除非真的扭转跌势了才下手**。

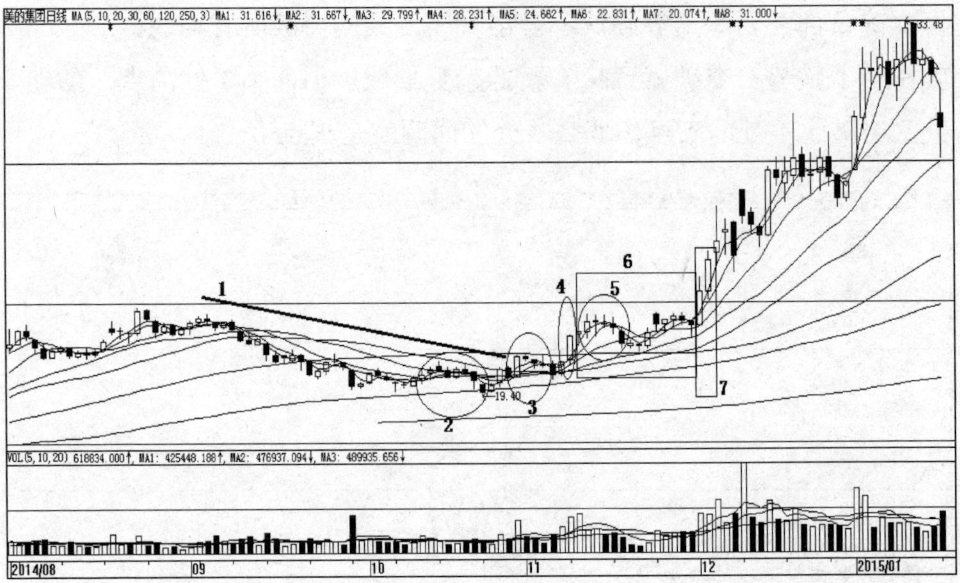

图 2-19 美的集团

那么，**当4区突破均线，重新回到所有均线之上意味着扭转了跌势**。4区之后继续小幅拉升，而后出现了5区的回踩，回踩之后经过反复整理的6区，出现再度拉升的7区突破了跌势1区的高点，而后加速。

潍柴动力留下的问题，**什么时候买进：是扭转跌势后的突破均线就买进吗？还是突破跌势高点后就买进？**首先，这是两种买点；其次，操作者要的结果不同，对买点的筛选也不一样。究竟要哪一种，我们先不急着说。再来观察一下买点区域，先看美的集团的5区和7区。5区是突破后回踩的5日、10日均线，甚至20日均线；7区是回踩了5日、10日均线。再回看潍柴动力的4区、C区，也是4区回踩了5日、10日均线，甚至还有20日均线，C区是5日、10日均线。这是不是说突破跌势前高点后回踩的幅度就会小很多？别**急着下结论，因为还有刚刚扭转跌势时的均线比较密集**。我们继续往下看。

第三股：先河环保 300137

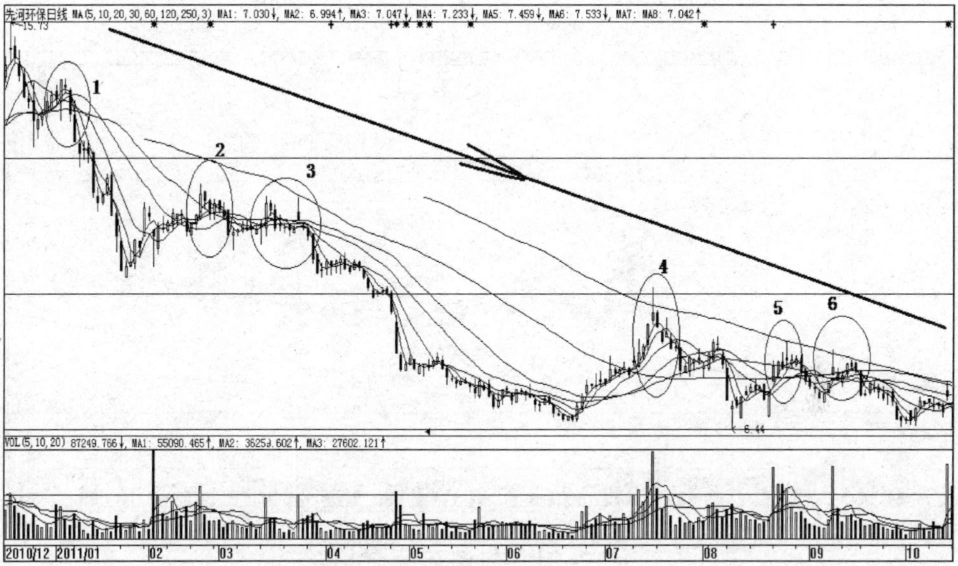

图 2-20　先河环保（1）

如图 2-20 先河环保所示，跌势里，你再看好的股票，也不要随便买，哪怕是出现图中的 1、2、3、4、5、6 区这么多的跃跃欲试，但在没有扭转跌势以前，都不会买进操作。

图 2-21 中，跌势 A，1 区扭转跌势，扭转跌势后并没有上涨。1 区后下跌，2 区再度扭转 1 区的跌势并收复跌势 1 区的高点。

3 区震荡在密集均线之上，4 区新高后加速拉升。**1 区站上密集均线，后来跌破了，说明并不是每一次的扭转跌势后就必定上涨，还真的有震荡或者再度下跌**。再度下跌后也未必都如这里一样会重新收复，甚至可能是展开新的跌势，这里就涉及到不同的买点和止损，下节再讲。

看 2、3、4 区，如果 1 区之后止损卖出了，2 区这里又突破，随即逢均线买进，只回踩了 5 日均线，或者在 3 区的回踩均线买进，**注意看均线，因为震荡，5 日、10 日均线黏合，20 日、30 日、60 日均线黏合，**

所以最深的回踩了 20 日、30 日、60 日均线。这就意味着我们**不能简单地说 20 日均线就是极限，因为存在 20 日、30 日、60 日均线几乎同在一个位置的情况**。新高后的 4 区，只有回踩 5 日均线。

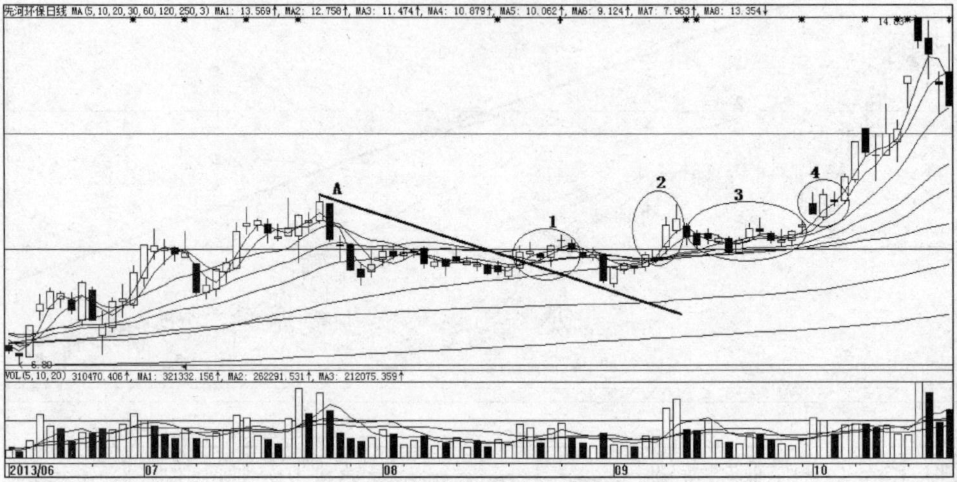

图 2-21　先河环保（2）

第四股：光大证券 601788

如图 2-22 光大证券所示，首先看到的是跌势 1，2 区出现了突破，突破回踩后的 3 区也没有上涨。3 区之后开跌，形成新的跌势 A。**跌势里 B、C、D、E 区的跃跃欲试，都不用关心，因为跌势并未扭转，只是出现了扭转的信号，只是出现了可能扭转跌势的可能，你要的不是可能，不是或许，而是已经扭转了跌势**。3 区这样没有大幅拉升的怎么面对，同学们可以结合是扭转后就跟进，还是收复跌势高点再跟进，先想一想。

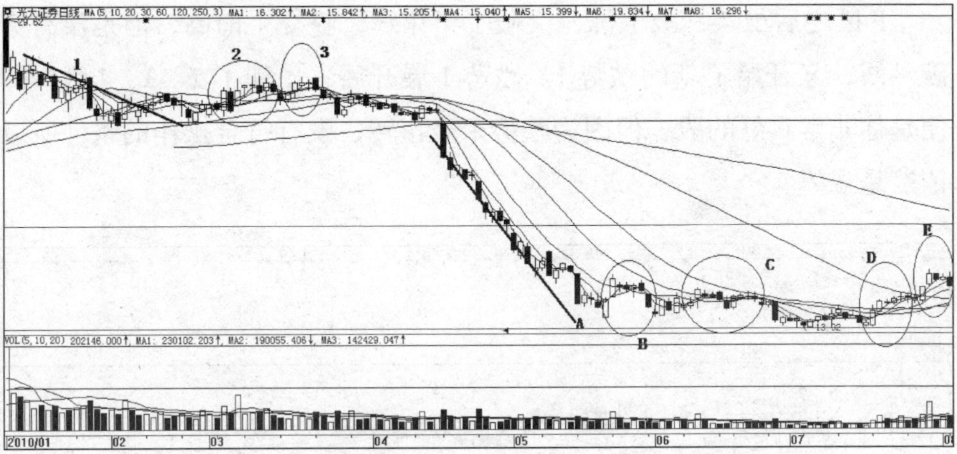

图 2-22　光大证券（1）

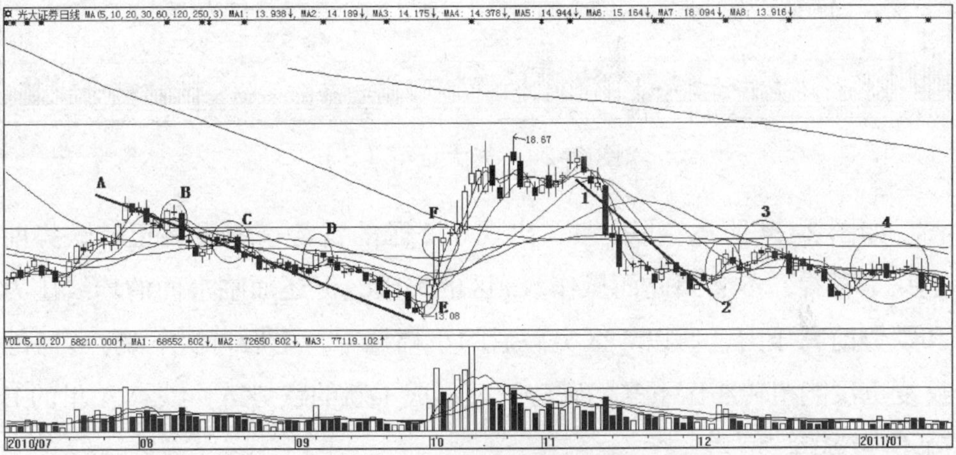

图 2-23　光大证券（2）

如图 2-23 所示，首先是跌势 A，跌势中出现了 B、C、D、E 区，直到 F 区出现。这时候又有不一样的了，**发现不仅是收复跌势 A 区高点的问题，还面临半年线、年线的问题**。扭转了跌势，有前高，收复了前高，有半年线，收复了半年线，有年线，这可如何是好？是买进，还是等这些高点一一收复再买进？买进与买进不同，买进的性质还需要分类归纳，所以不要急着想要结果，我们继续往下看。

F 区之后虽然一波上涨，突破了半年线，收复了前高，但是没有突破年线，又开始了新的跌势 1。跌势 1 展开后，出现了 2、3、4 区，即便是你非常看好的股，但因为跌势未被扭转、没有符合操作的条件所以依然是观望。

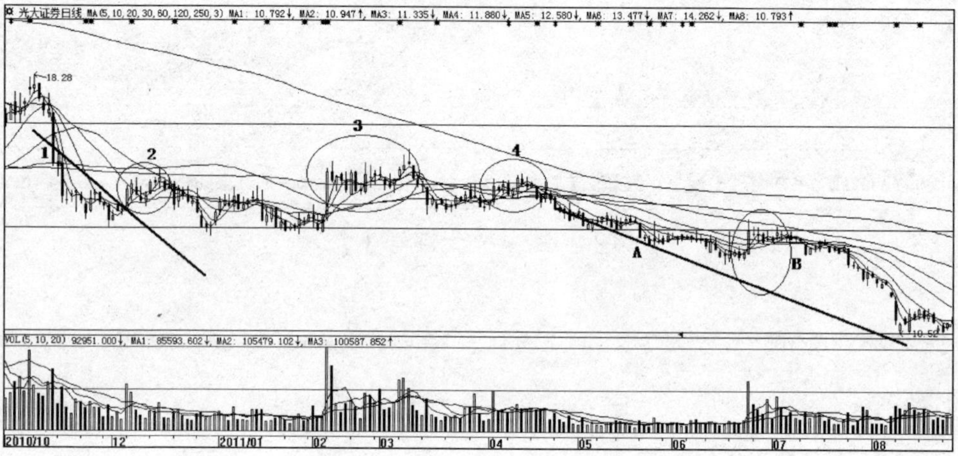

图 2-24　光大证券（3）

如图 2-24 所示，跌势 1，出现了 2 区的蓄势，但没有扭转跌势前也只是看看，不会因此而操作。3 区的突破，但还面临上面的均线压力和跌势前高压力，所以 3 区突破后的小幅拉升，之后再次下跌，4 区的反复也没能扭转 3 区下来的跌势，又形成了新的跌势 A，跌势 A 里的 B 就不再说了。

1 扭转跌势后的突破均线就买进吗？还是 2 是突破跌势高点后就买进？ 1 或 2 显然都是买入的机会，但在没有突破上方所有均线、没有收复跌势高点时，存在反复的可能性，接着往下看。

第五股：同花顺 300003

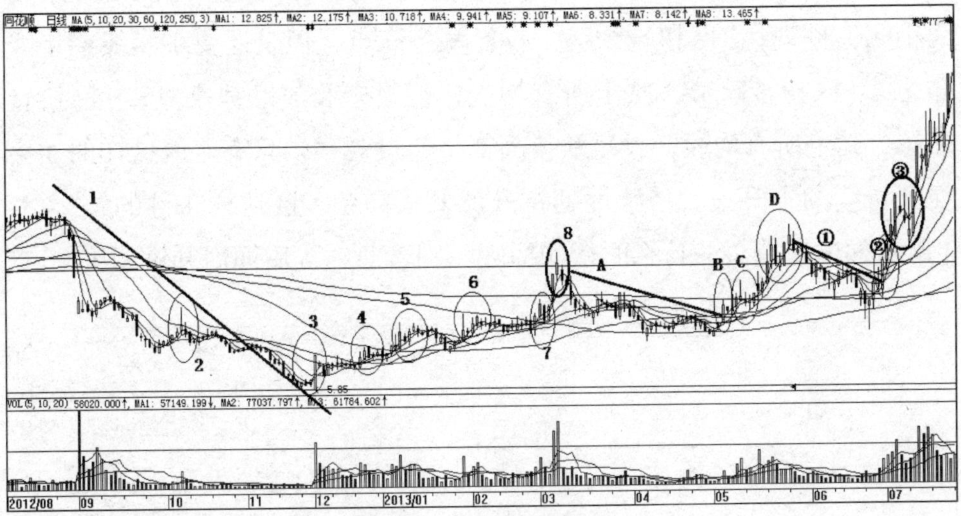

图 2-25 同花顺（1）

如图 2-25 所示，跌势 1，2 反弹就不说了，3 区的涨停是个信号，但能不能扭转，还不知道。4 区的 60 日均线下蓄势，5 区的再度拉升，不能说新的涨势形成，但从之前的跌势进入了震荡。随着 6、7 区的进展，8 区突破所有均线，不过 8 区之后形成了新的跌势 A。

3 区虽然涨停，但是空头排列。**什么是空头排列，就是均线由长及短，从上往下依次是 30 日、20 日、10 日、5 日均线**。随着 4 区在 60 日均线下的整理蓄势，5 日、10 日均线均线跑到了上面，20 日均线上穿 30 日均线后的 5 区实现了 **5 日、10 日、20 日、30 日均线的有序排列**，形成短期均线的小多头排列，是买点。但上面我们通过观察知道了，**尽管短期均线小多头排列，但是面临上面还有的均线压力，以及前高，后市还存在不确定性，所以这样的买点不是大买点**。

再来看跌势 A，B 区扭转跌势，C 区突破最后一个均线的压制，随后上涨加速，但是 D 区突破跌势高点后又形成了新的跌势①。跌势

①之后出现了扭转跌势②区，②区之后出现了③区的突破跌势高点，而后加速。

1 扭转跌势；2 区扭转跌势，但没有收复跌势高点，且只是短期均线小多头排列；3 区扭转跌势，收复跌势高点，但是还要半年线或年线在上；4 区扭转跌势，站上所有均线，但是未收复跌势高点；5 区扭转跌势，站上所有均线，收复跌势高点。通过观察，只有 5 区这样的才会展开持续的主升浪。持续性的拉升就要买具备 5 区这样条件的，2、3、4 区这样的也能买，什么时候能买呢？别着急，等后面展开讲。

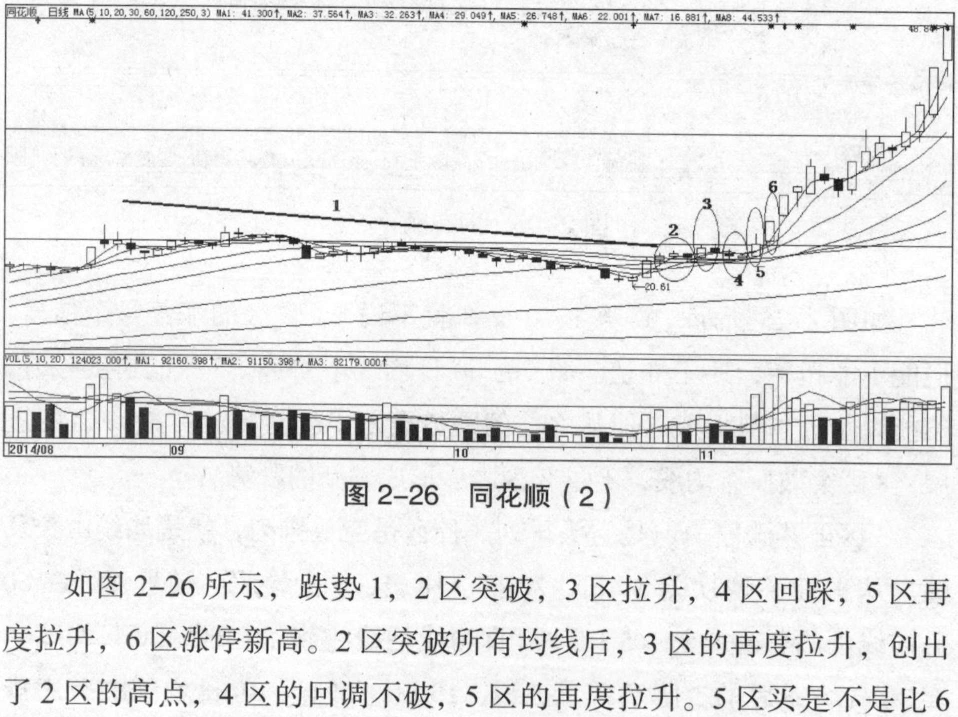

图 2–26　同花顺（2）

如图 2–26 所示，跌势 1，2 区突破，3 区拉升，4 区回踩，5 区再度拉升，6 区涨停新高。2 区突破所有均线后，3 区的再度拉升，创出了 2 区的高点，4 区的回调不破，5 区的再度拉升。5 区买是不是比 6 区新高后买要理想？的确要理想，但是 2 区突破后的回调买岂不是更好？那么：

4 区扭转跌势，站上所有均线，但是未收复跌势高点；5 区扭转跌势，站上所有均线，收复跌势高点。

4 区可以作为大买点后的次大买点。注意前提条件：

第一，扭转了跌势；

第二，是突破所有均线扭转的跌势；

第三，均线由短及长从上往下依次排列；

第四，回踩短期均线买进，甚至可以是回踩下面大均线，但是下面大均线是密集的。

第六股：三六五网

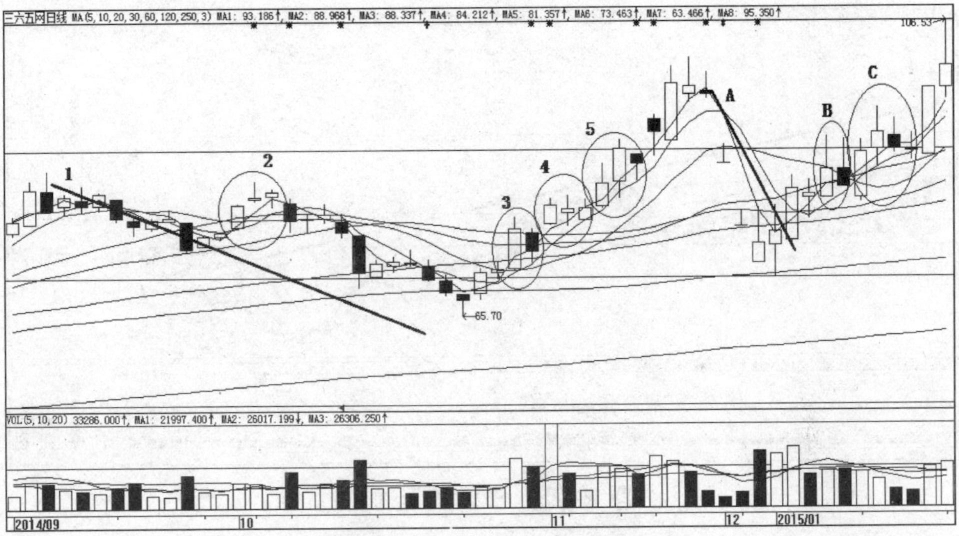

图 2-27　三六五网（1）

如图 2-27 三六五网所示，跌势 1，2 区突破了所有均线，均线依次排列，但是没有上涨。即便是 5 区那样大买点条件的，仍然存在不涨反跌的，**所以次大买点也不例外。不要有只要符合某种条件就必然上涨的想法**，对于失败的走势，只需要用出场策略止损就好了，具体下节再展开讲。

3 区的突破，突破后的回踩，4 区的拉升都存在买点，但不是大买点。5 区新高后是大买点，买入后拉升阳线也的确更大了，但是好景不长，这就要明白：

（1）不是大买点后就一定能涨很多，随时做好离场的准备，具体怎么离场后面会讲。

（2）大买点后甚至存在不涨反跌的可能，也随时做好大买点买进后就要离场的准备。

看 3 突破后的回踩均线，4、5 的回踩 5 日均线，贴着回踩均线买。跌势 A 形成后，B 跃跃欲试，C 突破后回踩，**次大买点买进后也有大幅拉升，但不是每次都会**。看 C 的回踩的均线，也是买。

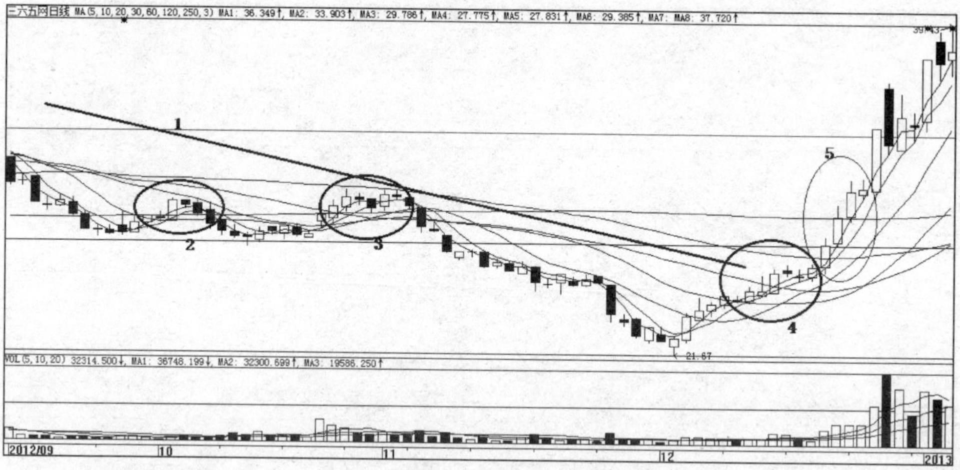

图 2-28　三六五网（2）

如图 2-28 所示，跌势 1 形成，2 区连短期均线小多头排列都没有形成，3 区形成了短期均线小多头排列，形成后随即破位下跌。**4 区的再度蓄势，5 区的终于突破所有均线，形成次佳买点，不过，只有回踩 5 日均线的买进机会**。

5 区之后涨停，收复了跌势高点，而后出现了反复，不过图中没有再标出来，因为也只是回踩了 5 日均线。难道我们只做次大买点和大买点两种吗？不是我们只做这两种买点，而是**这两种买点买入后的拉升持续，要想买进去后拉升持续性好的话，只能选择这两种买点**。那么，其他扭转跌势的买点不能买吗？能买，做什么性质的买进呢？

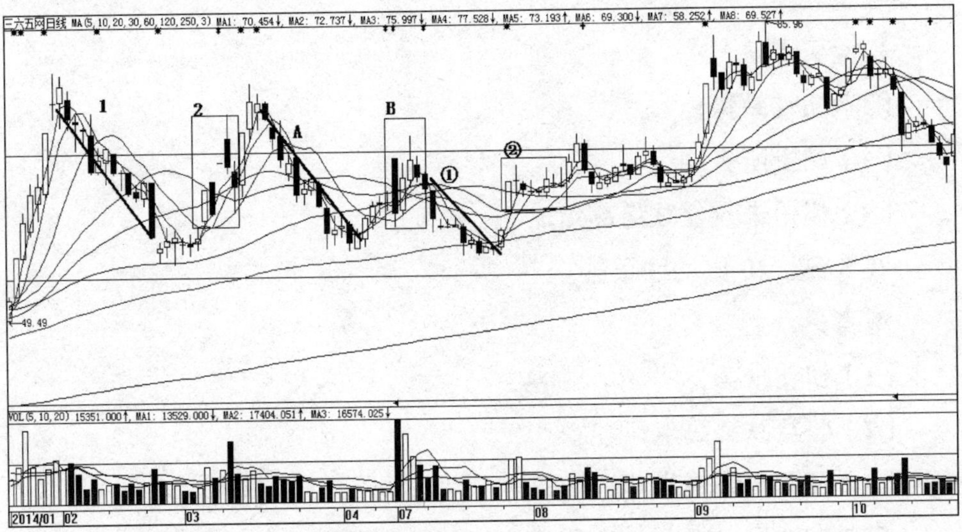

图 2–29　三六五网（3）

如图 2–29 所示，图中的 1+2、A+B、①＋②这三组，跌势 1 刚被 2 扭转，又到头了；跌势 A 刚被 B 扭转，又到头了；跌势①被②扭转，却迟迟不涨。

如果你非常看好三六五网的独特性，认为这股五年能翻十倍，可是在没有大买点形成前，怎么操作呢？**在你看好且不打算做其他股的前提下，又看到小买点，可以倒倒仓做些差价，降低成本，那么这样的买点对你就有新的意义了**。至于怎么做，同学们先观察观察，也可以看看其他股的走势，从中找一些类似的例股，我们下节再结合止损来讲。

总结本节内容

大买点：

（1）扭转跌势；

（2）站上所有均线；

（3）收复跌势高点。

符合条件后就随即在 5 日均线跟进，当然，下面有紧随其后的 10 日均线也要买。

次大买点：

（1）扭转跌势；

（2）站上所有均线；

（3）但是未收复跌势高点。

在 5 日、10 日均线跟进。

或者：

（1）扭转跌势；

（2）收复跌势高点；

（3）还剩年线或半年线没有过。

也是在 5 日、10 日均线跟进，当然，你要留着 20 日均线买进也行，尤其是在 5 日、10 日均线走的很聚拢时。

本节同学们需要清楚在什么时候下手，买进时的具体策略，在下一节再展开讲。

第三节　买卖方法的根本

首先，同学们现在知道不会在跌势里买进股票了；其次，同学们也应该非常清醒地知道，扭转了跌势不等于就进入了持续拉升的涨势，尽管扭转跌势是靠上涨扭转的，但也可能进入了震荡整理；第三是扭转跌势后还有好几种走势，比如有的只是扭转跌势而没有收复跌势高点，或者收复跌势高点但还在半年线、年线之下的，还有站上所有均线但是未收复跌势高点，或者收复跌势高点但还在半年线、年线下的，还有的是站上所有均线，收复跌势高点的。**最后，这些买点怎么分类？都用在什么地方？具体怎么买卖呢？**本节我们来解决掉这些问题。

第一股：锦龙股份 000712

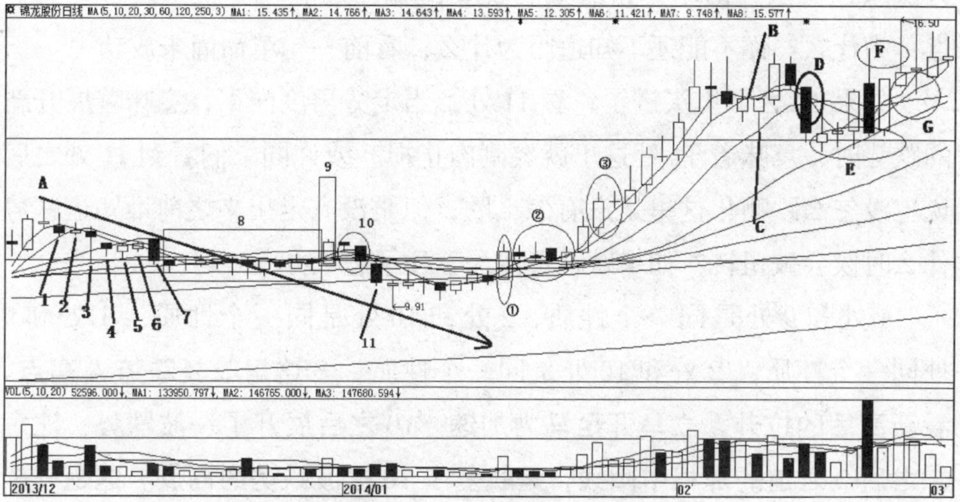

图 2–30 锦龙股份（1）

如图 2–30 锦龙股份所示，首先是跌势 A，我们不能只是看跌势，还要去了解下跌势是怎么展开的，这样有助于应对我们在涨势中时，涨势被扭转步入跌势。**来看看涨的股是怎么一步一步走向“死”的。**

图中 1 才下跌，破 5 日均线，2 处反抽未能扭转 1 处的下跌。**注意，这么小级别的走势也是存在“跌势”和“扭转跌势”与否的。**3 处最深跌到了 20 日均线，最后收在了 10 日均线之上，但还是在 5 日均线之下，这意味着什么？意味着依然没有扭转跌势！ 4 处算是实体 K 线跌破了 10 日均线，随后 5、6 处的小幅反弹，但是在 10 日均线之下，意味着什么？ 5、6 处的连续反弹未能收复 10 日均线，意味着未能扭转跌势，那么当 7 处再度大跌，意外吗？ 7 处大跌到 30 日均线后持续震荡，即 8 区，**直到 9 处的出现，意味着什么？意味着扭转了跌势，但是并没有步入涨势，所以是意味着有望步入涨势，但是没有步入涨势。之所以没有步入涨势，是因为前面跌势下来的高点并没有收复。**当然了，

9 处这里拉高之后所有均线踩在脚下，10 区这里回踩可能是好机会。但它只是可能，因为**革命尚未成功，阵地尚未拿下，还需努力**。所以，10 区这里是买点，但不是最有效、最靠谱儿、最能一买就持续拉升的买点，为什么？你不能还不知道因为什么，看前一句革命尚未成功……

如果 10 区那里买进了，看 11 处，当走势再度向下，意味着展开新的跌势时，意味着 11 处这里就要割肉止损。或许同学们看到 11 处之后说也没怎么跌啊！这里是没有怎么跌，但是没有走出来之前谁知道跌势什么时候会被扭转？如果跌跌不休深套住了怎么办？

1 处和 9 处是同一个性质，2 处和 10 处是同一个性质，①处和 9 处同一个性质，②处和 10 处是同一个性质。③**这里收复跌势 A 高点，看新高后的拉升，立马开足马力加速**。10 之后展开了一波跌势，**注意②之后③之前的那根中阳线，是收复了 10 这波跌势的高点。这是一个微妙细节性的**，同学们要注意到。重点看③处这里，为什么 9 处之后没有加速，1 处之后没有加速，③处之后加速了？**因为③处具备的条件是最能加速的，是取得阵地最多的**。股市没有说谁满足什么条件了一定上涨，我们也不会傻着去相信谁说的必涨，但是我们要想买进去后持续拉升，就要去找具备上涨条件最多的。

怎么买进？突破后就是逢回踩均线买。图中只回踩到了 3 日均线，没有回踩到 5 日均线，怎么办？**3 日均线的买进，在很强势的操作手法中才用到**，这里不推荐。所以**最基本的就是 5 日、10 日均线**，但该股这里没有回踩 5 日均线，怎么办？**回踩不到 5 日均线，买不到就买不到，也不做没有任何原则的随意随地的买进**。但是你会发现③处之后的第二根 K 线是接近 5 日均线的，如果稍微比 5 日均线价位高出那么 0.01 可能就买到了，这个时候是不是可以灵活变动一下？当然可以，但是**大原则要有，什么大原则**？

第一，在你没有形成稳定娴熟的系统性操作手法前，先死守规矩，保持买不到就买不到的心态；

第二，在此心态上，觉得个股走势可能强，这个时候才允许你比价位均线高出那么一丁点儿，千万不能多，多了就是又没原则了。

③处之后的拉升，均线有序展开，20 日均线远离，上行的只有 10 日均线，而且 10 日均线远离 5 日均线，**仓位怎么分配？一般是 5 日、10 日、20 日均线，仓位 3∶4∶3。当 20 日均线远离，10 日均线离 5 日均线也不近时，你可以 5 日、10 日均线各一半，也可以是 5 日均线，破 5 下探 10，10 日均线的 3∶4∶3。**有同学可能会说，既然是突破前高，最具上涨潜力的，当 20 日均线远离，10 日均线离 5 日均线也不近时，我能不能 3 日、5 日、10 日均线的买进？可以，但是班长**不鼓励同学们做这么激进的操作**，老手可根据自己的基础水平自行把握，新同学不要急着激进，**先走稳再想着跑的事**。

当然，也有 20 日、10 日均线不远离的例子，接着往下看。B 跌破 5 日均线，C 下探 10 日均线，D 跌破 10 日均线。注意看③到 B 这段，只有一次回踩到了 5 日均线。涨势就是涨势，强势就是强势，**而当出现回踩了 5 日均线，后面没几日就出现了跌破 5 日均线的 B。同样出现下探了 10 日均线的 C 之后，没几日就出现了跌破 10 日均线的 D**。班长是说**拉升中如果一直没有出现踩到 5 日或 10 日均线，当出现回踩到 5 日或 10 日均线就意味着要跌了吗？不是意味着要跌，只是一个应该引起你注意的信号**。开头我们看了 1、2、3、4、5、6、7 处，了解了涨势是怎么一步一步没落，走向“死”的。

如图 2–31 锦龙股份所示，B 处之后的跌破 5 日、10 日均线和开头的 1、2、3、4、5、6、7 处像不像？**走势，万变不离其宗**，就像我们前几节讲了**周线的大节奏，跌势被扭转，步入涨势**，回到日均线也是这样的节奏。**而涨势开始没落直到扭转、变成跌势也是一样的**，不同的是什么？如果③之后你是持有的，破 5 日均线之后是肯定要离场的了，再不济也是要走一部分的，具体卖法我们下节会讲到。**B 破 5 日均线之后，回踩到 10 日均线，引发反弹，反弹未能新高**，D 破 10 日均线，开始大跌。

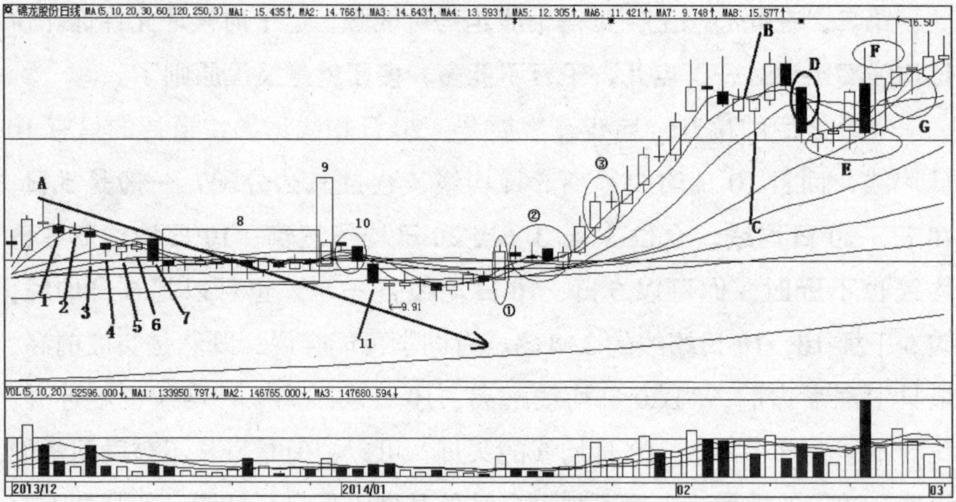

图 2–31　锦龙股份（2）

我们的前提是五年十倍大牛股，五年十倍大牛股多不多？五年涨十倍的真不多。**如果只是靠走势涨十倍，那么还要操作干什么，所以还是要看怎么操作**。当然，你做几只股，一只赚一倍很容易达成，但是你非常看好锦龙股份一只股有没有办法五年十倍呢？假如锦龙股份是潜力牛股的话，当然可以。你觉得它好的不能再好了，你想跟它长相厮守，不离不弃。那么，即便它只能涨三倍，但五年的**厮守当中，做做差价，也能做出不少利润**，尤其是当你做一只股一两年之后，对股性的熟悉程度大大提高了操作胜率。

当你厮守过程中，步入跌势后，你只留 1 股或 1 手，看到③处后大队人马杀回去，当 B 出现跌破 5 日均线你离场。**长相厮守，不意味着你就要全仓守着**，你可以心在身在，你也可以只有心在。

为什么 B 处跌破 5 日均线就要离场？**你要记住的不是破 5 日均线就离场，而是破 5 日均线意味着这波依 5 日均线上来的涨势被扭转了**，所以才跌破了 5 日均线。那么，扭转了 5 日均线上来的涨势，当然要离场了。但是，大的涨势并没有结束，所以只是离场了一部分。当然，如果都离场了也不算错，只是当回踩到 10 日均线，这个时候你别忘了你有多爱这只股，你可以趁支撑买回去一些。**当股价获得支撑拉升后，就要在突破 5 日均线或者前高下出场了，因为你做的只是波段**。为什么要出场？因为走势没有证明扭转了 B 处下来的跌势。那我可以不可以等等看会不会扭转再出场？**首先别忘了在 10 日均线为什么回来，是做差价的，差价有了就够了**。但是我就是觉得要涨，哪怕不要差价我也要小赌一下，可以不可以？可以，只是当出现 D 处时，你就真的要手起刀落了。这么复杂、琐碎，看的头疼，不想做行不行？当然行，这只是说如何在长相厮守中做出些价值。

你不做这样的操作就是了，做完③处到 B 处就等着，等着收复 B 高点再回去，就是 G 处之后。而 D 处离场或者 C 处进去拉升后高抛，在 E 处能不能再波段一下低吸？也可以，但有**两点要注意**：

（1）一条均线只做一次，第二次容易被跌穿；

（2）10 日均线做完了，20 日均线还要与 10 日均线有些空间，如果 10 日均线再 9.40 元，20 日均线再 9.30 元，这就没意思了。

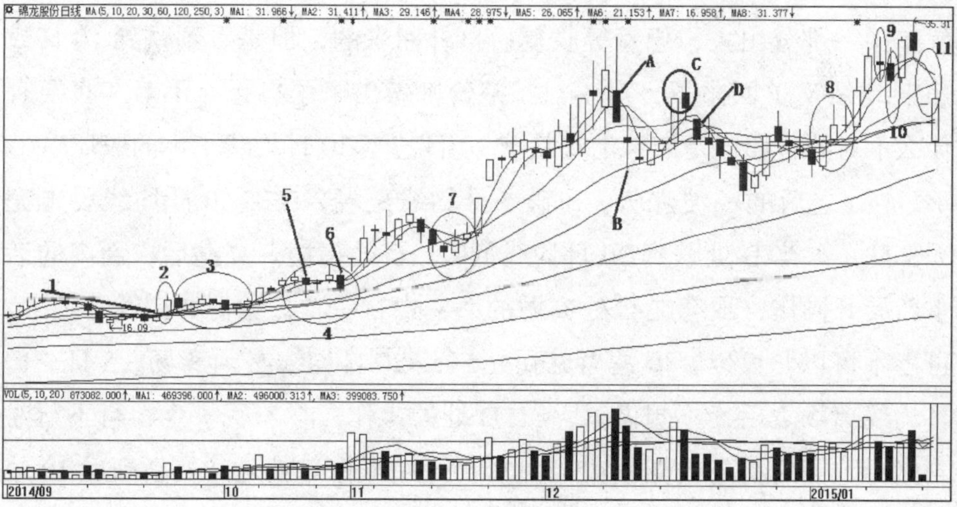

图 2-32　锦龙股份

如图 2-32 锦龙股份所示，跌势 1，2 处突破跌势，3 区整理，整理不破之后拉升，4 区新高。注意 4 区新高中的 5、6 处，5、6 处都击穿 10 日均线。4 区新高后开始拉升，7 区回档，也跌破了 10 日均线。图中还几乎不破 5 日均线的，一破 10 日均线就开始大跌，怎么到这里只是破 10 日均线像玩儿似的继续上涨？为什么 B 跌破 5 日均线就要离场？**你要记住的不是破 5 日均线就离场，而是破 5 日均线意味着这波依 5 日均线上来的涨势被扭转了，所以才跌破了 5 日均线**——这是刚才班长讲的，如果你记住的是 5 日、10 日均线，这里再看 10 日均线就难免会有上面的问题，**但是你若记住的是趋势，就不会，因为 5 日、10 日均线离得这么近，并不是像刚才那样接二连三的大幅拉升后 10 日均线远离 5 日、20 日均线远离的情况了**。

所以在这里，5 日、10 日均线距离很近，甚至在 4 区那里 20 日均线都很近，**你就要给走势选择一条能承受波动的均线了，当然，这根均线还必须能代表趋势**。4 这里选择 20 日或 30 日均线，但是随着拉升，20 日均线上移，拉开与 30 日均线的空间，**7 这里就不能用 30 日均线了，因为距离太远**。当然，如果你要长相厮守，说 7 处之前 5 日均线破了我就 T 了一部分出去，想着等收复后再补回来的，但是看到跌到 10 日或 20 日均线又 T 回来了，对不对？差价都做出来了有什么不对，真要有什么不对的，那也是如果走势跌破 20 日甚至 30 日均线了你的股还在。

7 处之后的一波涨势，A 破 5 日均线离场，B 破 10 日均线要走完大部队了，当 B 处跌到 20 日均线低吸，C 处高抛。高抛后，新高的话重新展开操作，没有在 C 处高抛的话，想看一看，觉得要持续涨上去，可以不可以？可以。但是当见到处 D 破 20 日均线必须离场。5 日、10 日均线离场之后，不想做 B、C、D 处的操作，看着就头疼，行不行？当然行。等到新高收复 A 处高点后再开始操作。就是 9 处新高后 10 处回踩买进，买进后就大涨，只不过当出现 11 处的下跌时要离场。11 处这里的跌停开，也是几年不遇的走势，这种情况是小概率，坚持原则，真倒霉赶上了跌停开的自认倒霉就是了。

8 处只是一个扭转信号，但这是扭转还是震荡，是待定的，这样的走势最好不要参与，除非你有很多类似的经验。怎么买进？10 处那里的买点看看，回踩 5 日均线，10 日均线距离较远，但你要是 3 日、5 日、10 日均线就买进了大部分，在 5 日均线，破 5 日下探 10 日均线时也买进了大部分，**为什么总是回踩不到 10 日均线？毕竟是革命已经成功，阵地踩在脚下，10 日均线离那么远，想回调那么深不容易了，所以可以根据情况灵活调整**，把回踩 5 日、10 日均线调成回踩 5 日均线、破 5 日下探 10 日均线、回踩 10 日均线或 3 日、5 日、10 日均线。

第二股：中源协和 600645

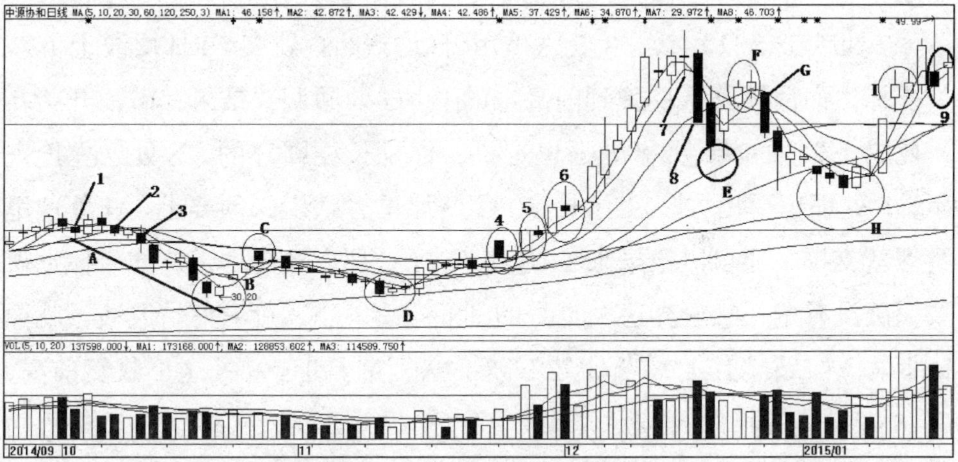

图 2-33　中源协和（1）

如图 2-33 中源协和所示。先看跌势 A，我们还是需要了解涨势是如何被扭转的，只有了解了跌势是如何从涨势里转变出来的，在下节的卖出中，我们才能归纳总结出更好的卖出方法。

1 处破 5 日均线，破 5 日均线后出现了上涨，但是未能收复前高，扭转调整失败，于是有了 2 处的破 10 日均线，2 处之后的反弹也是未能收复，接着是 3 处破 20 日均线，随着 3 处的破 20 日均线，跌势越来越大。**如果破5日均线你没操作，10日均线你没操作，20日均线你还没操作，那就温水煮青蛙了，这是为什么要保持操作原则**，不能灵活到5日均线破了看10日均线，10日均线破了看20日均线，20日均线破了再看30日均线，看着看着你就发现地下十八层早晚给你留着了。

B处到年线上方，C处反弹遇到均线压力，D处再回调年线，如果你是长相厮守的，**在B处这里抢了反弹，那么一根均线不做第二次**，D处这里不再抢。4处突破，5处拉开涨势，6处新高，**新高后回踩买进，买进后加速拉升，就是简单的回踩买，就是简单的按比例入仓**，还用班长再重复吗？留给同学们，同学们对着前面的讲解，把这里的入仓写出来。

7处跌破5日均线，8处跌破10日均线，E处在20日均线上方获得支撑，而后反弹，反弹到前高下的F，G处回调，结果跌破，开始新一轮的下跌。如果7、8处那里走了，你是长相厮守的，E处这里抢进了，F处那里要出去，没有出去，G处那里大跌后必须要走。H处这里再遇新支撑，还可以抢进来T处，但是I处那里还是要走，如果你觉得要突破没有走，想放弃这次T处的利润小赌一下，就看好持股线，就像F那里，如果没有走，当G处下破了就一定要走。9处这里收复前高，7、8处走了的可以再按原则操作了。按照什么买，买多少，还是留给同学们去完成，学以致用，现学现用。

如图2-34所示，一路下跌，均线依次排列，但均线是由长及短的空头排列，所以要扭转不是一时半会儿的事情，不必着急，哪怕你再急着想要回家长相厮守。

2处突破年线，3处回踩，下面的均线也开始形成小多头排列。随着推高到4处，短期均线在上扬，加速形成多头排列。这要同学们自己去看，重点是空头排列，再看好也不要急着下手，免得折腾得自己半死不活也没有赚几个点，甚至还亏。之所以讲这只例股是因为班长给的例股，你不要把自己讲进故事里面了，再好的股，也要等待时机。

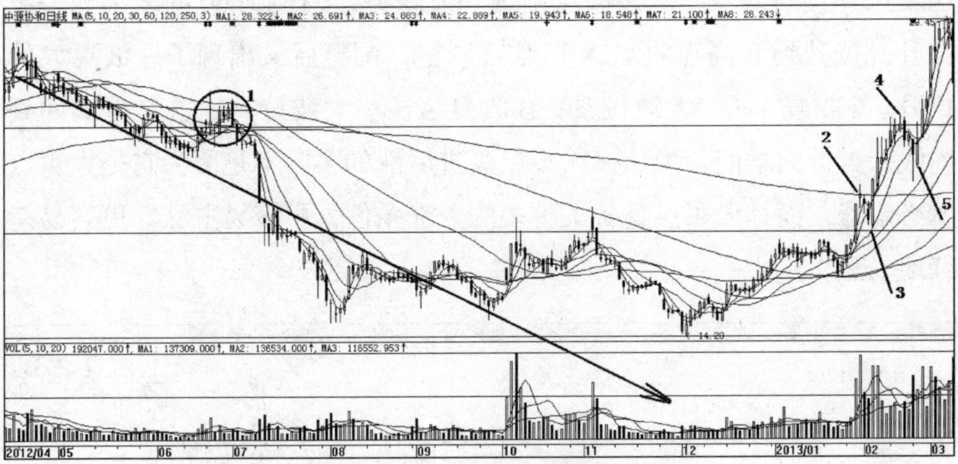

图 2–34　中源协和（2）

第三股：汤臣倍健 300146

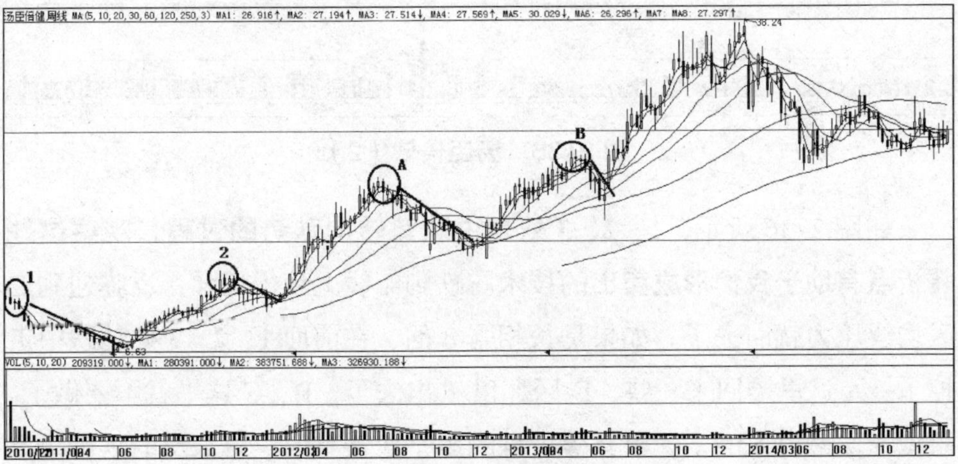

图 2–35　汤臣倍健（1）

如图 2–35 所示，这是汤臣倍健的周 K 线图。看它什么呢？1 高点下跌的跌势，跌势被扭转后出现了一波上涨，直到 2 高点；2 高点之后的小级别跌势，在20周、30周线获得支撑后出现了一波更大的拉升。这波拉升直到A高点，A高点出现一波跌势，调整到60周线出现一波拉升，拉升到B高点收复A高点后调整，调整后又出现了一波更大的拉升。2收复1，一大波拉升；B收复A，一大波拉升。这是再次回到周线上告诉同学们，为什么大买点买进后涨的多，不是因为它是大买点就必定涨，而是大买点具备了更多的上涨条件，更容易上涨，更容易持续地上涨。

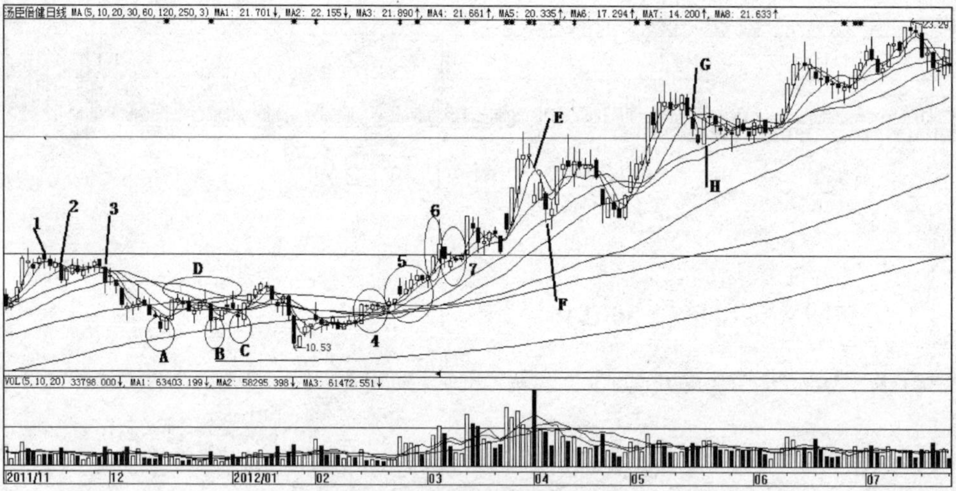

图2–36　汤臣倍健（2）

如图2–36所示，**1、2、3处是由涨势转向跌势的过程，观察这些转折点有助于我们形成卖出的技术**。跌到年线上获得反弹，反弹遇到D区均线压力就回去了。如果是长相厮守的，在前面1、2、3处转跌中走掉了，A这里捡回来一些，D区那里T出去了，B、C这里就不要做了。**只做一次最有效的，一根支撑被跌的第一次最有效，第二次的跌破概率就很大了，就像上涨中的压力，第一次遇到很容易缩回来，但是第二次的突破概率就很大了**。不承担额外的风险，更不承担远超出你做个T（T为T+0的简称）利润的风险。很多同学做T结果往往做丢，究其原因就是把目标忘了，不要贪多，一旦达到就收手，方能久矣。

4区酝酿，5区收复C之后的高点，6区收复1、2、3处下来的高点，7区这里如何买？留给同学们先观察。

这里观察两组走势，E、G处都是破5日均线，而F、H处是20日均线。尤其是F处，20日均线被击穿，这是下节卖点里要展开讲的，同学们先观察。

第四股：中科金财 002657

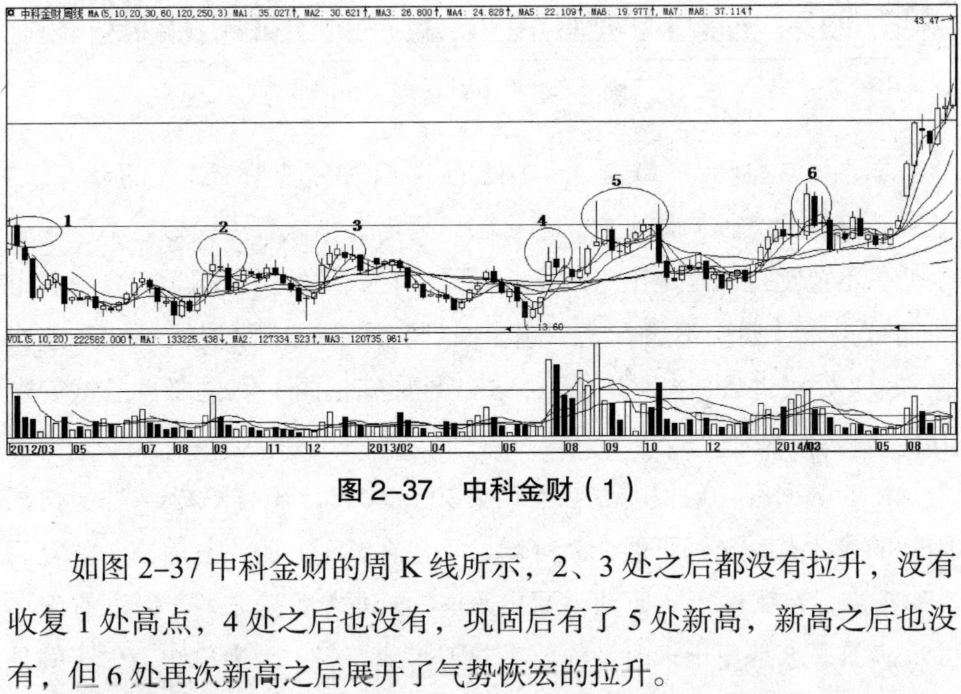

图 2–37　中科金财（1）

如图2–37中科金财的周K线所示，2、3处之后都没有拉升，没有收复1处高点，4处之后也没有，巩固后有了5处新高，新高之后也没有，但6处再次新高之后展开了气势恢宏的拉升。

再次跟同学们讲，不是我们按照哪个条件买就必定大涨，而是那个条件买进具备了最多上涨的因素。

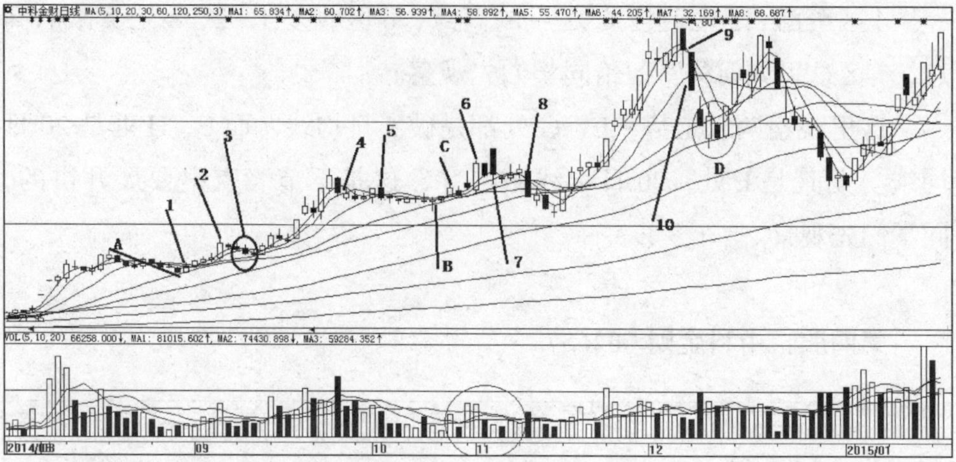

图 2–38　中科金财（2）

如图 2–38 所示，跌势 A，1 处的 20 日均线支撑，2 处的新高，3 处是新高后的突破，是买点，怎么买，还需要你试着去模拟，不要眼高手低，不要觉得都是走出来的了，都是摆在那里的了，同学们要对着走势制订买入计划。不然看完一遍，回到实战还是满眼黑线不知道怎么操作。3 处买进后，4 处是什么，5 处是什么，同学们也要自己试着走几步。

B 处的回踩 20 日均线甚至下探 30 日均线，还有 C 处，对于长相厮守的人才有意义，不然你就等着，等什么？等 6 的收复前高，收复后 7 的买进，在哪里买，要动手写出来。7 买进之后就涨了，但没有涨多少，尤其是 8 那里出现时，你要手起刀落地离场，因为你知道你买的是涨势，而 8 的出现意味着扭转了涨势，既然扭转了涨势那就不是你要的了，当然不会再持有。8 之后对于长相厮守的来说，在哪里 T 进 T 出，试着去看看，班长没有标。同样，8 之后的大买点在哪里，班长也没有标出来，同学们也去试着找出来并制订操作计划。买进后，当 9、10 相继出现，**你要知道那意味着什么，而不只是记着 5 日均线就要卖出**。D 对于长相厮守的来说又是机会，怎么 T 留给同学们练习。

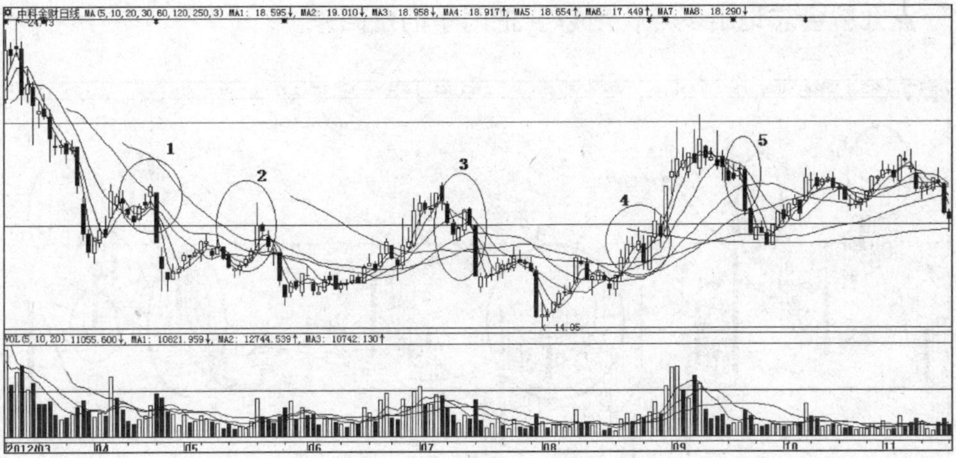

图 2–39　中科金财（3）

如图 2–39 中科金财所示，为什么 1、2 区的持续性这么差？是均线空头排列，还是多头排列的问题？但是，**均线多头排列了不意味着必定涨，只是更具备上涨的因素**。当你能这样辩证地去看待走势和条件时，就不会出现买进后死也不走了，更不会出现类似“我是按照必涨条件买入”的想法。当 3 区出现时，你也会及时地认错、纠错、离场。随着整理 4 区之后再度拉升。不过，5 区是重蹈 3 区的覆辙，**因为还有收复前高的重任没有解决**。

第五股：华录百纳 300291

如图 2–40 华录百纳所示，高点 1 之后开跌，**扭转跌势后形成的涨势未能收复高点 1，更容易出现 3 的大跌**，4 的再度反复，再度大跌也是如此。尤其是 4 这里长期均线在上，到 5 这里的一波拉升，均线有序，有了随后的大涨。但是大涨收复 1 的高点，谁也不能保证满足了这些条件就百分百会大涨，所以出现跌势时你要从容地离场。

6、7 还是长相厮守，只是如果没有 T 出的话，当出现跌破 20 日均线的 8 你还没走，等着你的就是 9 的大棒子。这就是贪心不足蛇吞象，反误了卿卿性命。为什么最后又回头讲这些呢？**因为同学们走的稍微远**

一点儿就会忘记出发点，所以要把同学们拉回来。

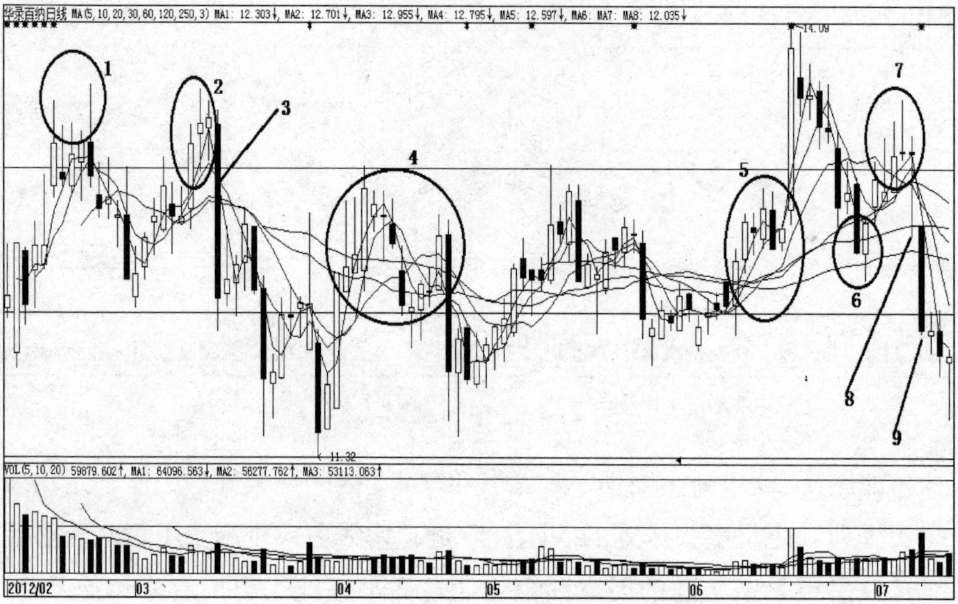

图 2-40　华录百纳（1）

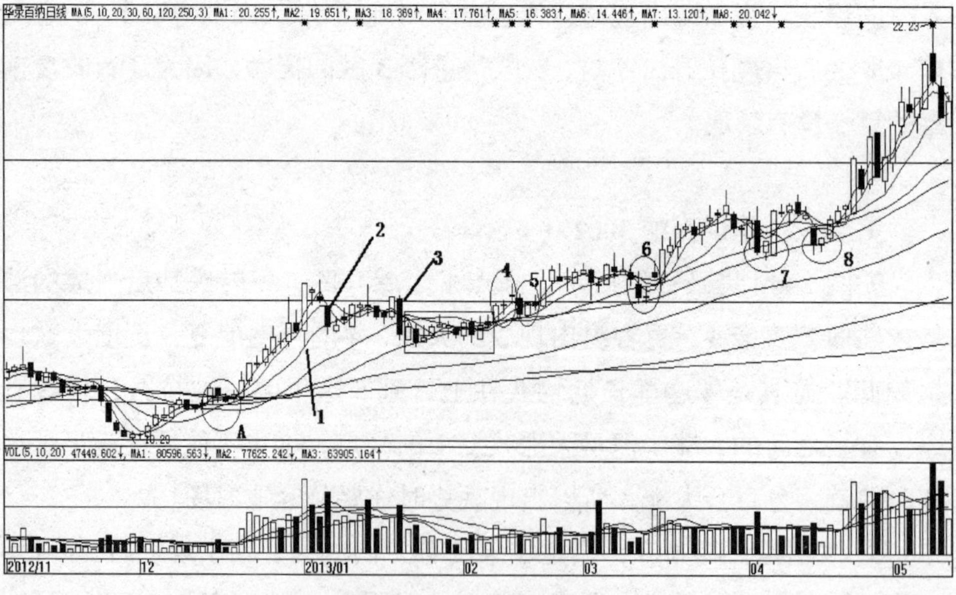

图 2-41　华录百纳（2）

如图 2–41 所示，A 的突破，突破后在哪里创新高你自己去找一下。新高后加速，1 下探 10 日均线后第三天出现了跌破 10 日均线的 2。随着 3 的跌破 20 日均线，跌势被延伸。随着震荡整理，4 的突破，5 的回踩，哪里是新高的，自己去找，并找到新高后的走势，制订操作计划。

这里要看的是 6、7、8 这三波调整，都调整到了 30 日均线，买点不是一根 5 日均线，卖点也是一样的逻辑，也不是一根 5 日均线或 10 日均线就可以定义的，**背后的意义才是应该记住的，而不是几日均线，关于意义是什么**，同学们先去想一想。

本节最后再来看上节的三六五网 300295。

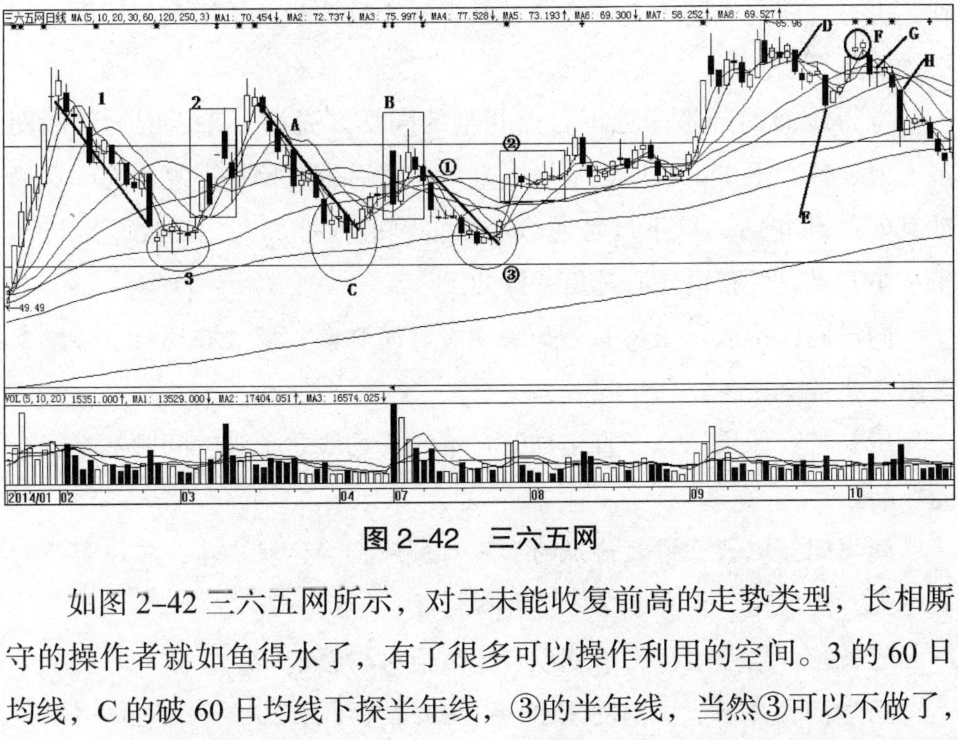

图 2–42　三六五网

如图 2–42 三六五网所示，对于未能收复前高的走势类型，长相斯守的操作者就如鱼得水了，有了很多可以操作利用的空间。3 的 60 日均线，C 的破 60 日均线下探半年线，③的半年线，当然③可以不做了，以及 D 的确立跌势，E 的捡回来，F 的 T 出，没有 T 出的话 G 的离场，不离场就是 H 的大棒子。当然，看着这么多 T 来 T 去的机会，大多数同学都是看得眼馋手痒，但是班长**绝对不鼓励大多数同学做 T，为什么？连走都不会走，怎么期望你能跑起来？你要做的是先把大买点**

做好。大买点就是最具备上涨因素的，是站上所有均线，收复跌势高点的。

问题点拨：

同学问：班长，收复跌势高点是指上影线还是实体?

班长答：上影线对上影线，实体对实体。

同学问：3∶4∶3 不清楚怎么买?

班长答：比如你打算买 1000 股，那就 300，400，300 的入。最后三成买不到就买不到。300，400，300 的入是准备的仓位，不一定买得到，买不到就买不到了，就像第一股讲的 5 日均线都买不到，原则上买不到就放弃了。

觉得难懂的同学，觉得有点儿晕的同学，先慢下来，因为例股图多，但是核心很少，所以慢下来去复习，然后带着摘抄，复习完一看摘抄其实就几句话。只不过是通过那么多例股，把那几句话反复地讲出来，正着讲，反着讲核心都是一样的。

同学问：请教一下班长，如果没有时间盯盘，破 5 日均线，第二天是不是就是卖点呢?

班长答：如果第二天直接高开在了 5 日均线之上呢？问题本身就有问题啊!

同学问：班长，您之前说的影线对影线、实体对实体，可以影线对实体吗？意思是，左影右实。

班长答：当然也行，本就没有什么绝对与必定。

同学问：班长，002183 怡亚通（2015 年 1 月 20 日），16 日追涨停买可以吗？还是要等新高后的回踩买?

班长答：什么地方买都没有对错，但是按照我们讲的就是新高后，昨天或今天回踩。

第三章　智慧篇

很多同学都遇到过大牛股，而且不止一只，但往往不是下车太早就是擦肩而过。一说选股都知道选股的要点了，一说技术都知道操作的标准了，但是为什么最终骑不到大牛股，做不出高利润呢？**看得深、方能行得久**，智慧篇会通过例股化繁为简，让同学们深入认识阻碍你的根本症结所在。**智慧篇用四个字就可以概括：专注、取舍。**

其实，很多老同学的技术水平已经炉火纯青了，踏浪与抢板的技术与班长比起来甚至都要把班长拍死在沙滩上了，买哪只股哪只股就涨，简直真的就是点股成金，一买就涨停。如何选股、一买就涨已经知道了，但是**股市最终拼的不是一时快慢，拼的是一年到头赚多少，持续赚多少**。而这些聪明的同学为什么最终收获不大，究其根本原因就是专注度不够，取舍度不够。

大买点并不是本书的重心，因为**会选牛股，不等于赚钱，会大买点，也不等于能赚大钱**，学完大买点，第三章我们来学习如何卖出，继续学习**如何达成五年十倍，如何走自己的五年十倍之路**。

第一节　卖点的逻辑

本节班长通过五只蓝筹成长股来讲卖点。

第一股：比亚迪 002594

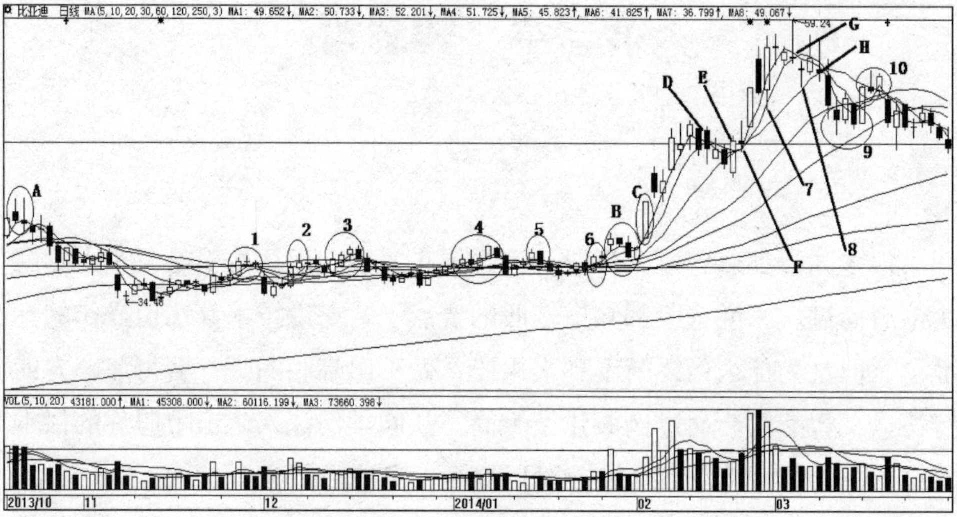

图 3-1　比亚迪（1）

看图 3-1 比亚迪之前，先想想我们的买点来自于什么。

买点来自于观察梳理走势，买点来自于扭转跌势。那么卖点呢？是要扭转了涨势，怎么扭转涨势的？班长就带同学们一起走到扭转涨势的“大森林”中去看一看。

如图 3-1 所示，A 高点之后的跌势就不说了，1、2、3、4、5、6 区也不是重点，因为**重点在突破 A 高点之后拉升才加速**。B 跟之前的 1、2、3、4、5、6 区有什么区别吗？1、2、3、4、5、6 区的每一次突破，都会让我们以为开始拉升了，不幸的是每一次都没有拉升。而 **B 这里为什么能拉升？跟 1、2、3、4、5、6 区的区别还是有的，均线实现了完整的有序排列，由短及远**。当然，**这是有前面 1、2、3、4、5、6 区这几波反复的整理才得以实现**。

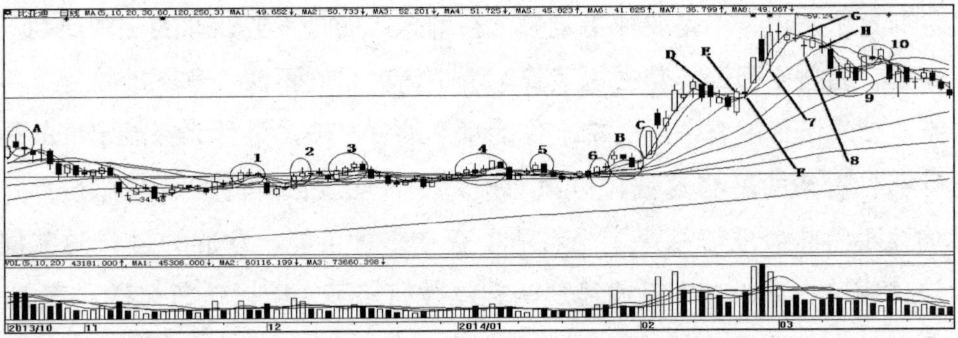

图 3–2　比亚迪（2）

如图 3–2 所示，C 拿下 A 之后，走势明显加速。当然，C 之后这波 5 日均线就买不到，就算是 3 日均线也只能是买进一部分。关于能不能灵活从 5 日均线调到 3 日均线，给技术层次不同的同学的建议，这些都在上节讲了，同学们记得去复习。

很多同学问有没有什么办法可以兼顾，事实上，**没有万能的法宝。没有哪个小孩儿能把站、走、跑一下都学会，你站着还摇摇晃晃，看着别人飞跑羡慕不已，更要踏踏实实回去练习，先站得稳再一步一步地走和跑**。

所以，买不到 5 日均线和 3 日均线买不到的就买不到，**先把 5 日均线能买到的做好，完了 3 日均线能做好，再往下就是追击强势股了**，但这和一些同学一看涨就涨停价追进去是不一样的。同学们别太心急，成长是一个过程，这方面不再多说，我们来观察重点。

观察涨势是如何被扭转的，观察 B 这波上来的拉升。在 D 处跌破 5 日均线，随后又跌破 10 日均线，E 下探后收上 5 日、10 日均线。跌破 5 日、10 日均线，这是不是**形成了一个级别的跌势**？我们看 B 上来这波，**C 加速以来就没有再碰过 5 日均线，而 D 这里跌破 5 日均线，意味着 C 这波加速拉升的涨势被扭转了**。但是，**加速拉升这波被扭转了，并不意味着车就要停了，更不意味着就要换倒挡了，如果 C 这波快速拉升是 5 挡的话，那有可能会换 4 挡，这是操作者要有的意识**。要你有这个意识，不是要你对走势存在幻想，而是**不要让你的主观误判了走势，留些空间给走势去说了算**。看不清就是看不清，拿不准就是拿不准。要看清你能看清的，拿准你能拿准的。看清的是什么？能拿准的是什么？看清的是C这波拉升没有破过5日均线，看清的是D跌破5日均线不意味着涨势结束了，看清了存在多种可能。**拿准的是C这波涨势结束了，从跌破5日均线那一刻就被扭转了，所以该怎么做？卖出。但是，我们看清了快速的拉升了，不意味着不会换到慢速拉升的挡位呀**，所以我们应该做怎样的打算？5日均线卖出时就要想好了，我是5日均线都卖了，扭转D下来的跌势了再说，还是5日均线卖一半，留一半看看10日均线，还是5日均线卖了，等收回5日均线再说？无论你做哪种选择，只要是这样做的就不存在什么过错。

因为什么线，收复什么都是外在的一种形式，其核心逻辑是不变的，核心逻辑是什么？上一章班长就讲了，什么线是次要的，**重要的是跌势是否被扭转，涨势是否被扭转**。

D卖出是因为C上来的涨势被扭转了，那么扭转D下来的跌势，是说明跌势被扭转了，买回去不错吧？5日均线卖了，等收回5日均线再买回去，也不错吧？也许你要问，5日均线收回了，**但是没有收复前高，存在很多不确定啊？不是说大买点之所以靠谱儿，是因为具备了更多的上涨因素吗？不是要追求具备更多上涨因素的买点吗？**是的。但是当操作者清楚利害，收回5日均线就买进也不算是错。班长不是要同学们以后就这样操作，只是说这样的操作不能算错，随着操作经验增加，学会甄选，就可以这样操作。在不会甄选前，最好多看少做，多做那些更稳定的。

5日均线卖一半，留一半看看10日均线，这也不能算错。因为**这波涨势结束了，不意味着整体涨势就结束了**，你打算舍弃一些利润看看会不会换慢涨，当然不算错。买点时，我们说了很多种买点，这里管中窥豹，一下也看到了很多卖点，到底哪样好，不要急着下结论，往下再看看。

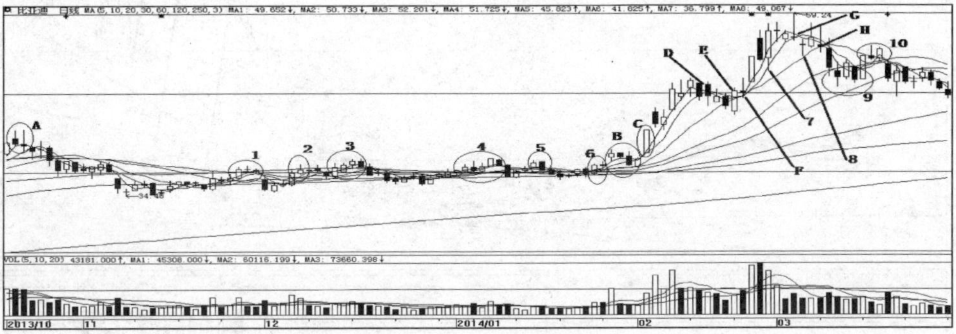

图 3–3　比亚迪（3）

如图 3–3 所示，E 这里跌破 10 日均线下探后拉升，F 震荡在 5 日、10 日均线之上。如果破 10 日均线走了，走了之后就拉升，看着好心疼怎么办？疼就疼着吧，**没有万能法宝的**，得之我幸，失之我命。在市场混，还是要有一点儿**超然面对的心态**。这时看着 5 日均线收回就买回好像比较合适，如果你真的以为这样好，那就大错特错了，因为这里看着 5 日均线卖完，等收回再买回，要比留一半看 10 日均线划算，换另一只股或该股的下一波就未必是这样了，**千万别让自己掉到寻找万能法宝的陷阱里**。

接着往后看，如果按破 5 日均线，7 就破了 5 日均线，如果按 5 日、10 日均线，一直到 H。这就是上面说的，D 那里你还觉得 5 日均线好，到 H 这里你又会发现 10 日均线好。在 H 点跌破 10 日均线后，跌幅立马加大，为什么？还要回到走势的核心逻辑来讲：跌破 5 日均线，扭转了一个级别的上涨趋势；又跌破 10 日均线，又扭转了一个级别的上涨趋势，你说为什么跌幅加大了？

跌破 10 日均线以后，涨势就彻底没戏了吗？也未必，但起码意味着这两个级别的涨势已经被扭转了。那么要看看 20 日均线有没有戏了，9 这里整理后开始反攻，上到 10 这里站不住，无力回天，扭转不了跌势，所以继续跌吧。

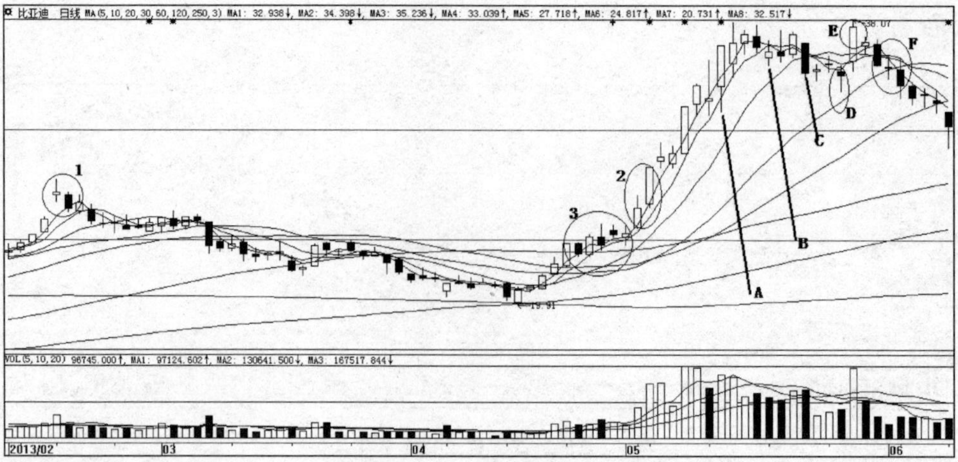

图 3–4　比亚迪（4）

如图 3–4 所示，**拉升出现在扭转跌势后，加速拉升出现在收复跌势高点后**，反之下跌出现在什么之后？加速下跌出现在什么之后？**下跌出现在扭转涨势后，加速下跌出现在吞噬涨势后，吞噬的涨势级别越多，跌的越凶**。

3 区这里不比前几波，随着 3 的整理均线正在形成有序排列。随着 2 的拉升，均线实现有序排列，且越过跌势高点，所以接下来的涨幅加速也是合情合理。当然，**这个加速不是必定的，千万不要有这种必定的思维，不然就要自己给自己下套儿了**。我们观察走势，观察涨势如何被扭转的。3 后启动的拉升，不碰 5 日均线，直到 A。A 跌破 5 日均线后再度大幅拔高，但拔高之后没有走多远，随着高位震荡，B 跌破 5 日均线。**现在你知道了跌破 5 日均线并不只是跌破 5 日均线那么简单，而是意味着这波跌势被扭转了，你还知道跌破 5 日均线，只是这波涨势被扭转了，但不意味着大级别的涨势结束了**。当跌破 10 日均线的 C 出现，宣告又扭转了一个级别的涨势。如果说扭转了 5 日均线以来的涨势，现在又扭转了 10 日均线以来的涨势，但不意味着 20 日均线以来的涨势就此结束了，接着往下看。

D 下探 20 日均线后发力，E 创出新高，振奋人心。不过，当 F 出现再度跌破 5 日、10 日、20 日均线就要坚决离场了。因为 F 的跌破宣告了跌势的形成，不走就被套。到底 5 日均线卖合适，还是 10 日、20 日均线卖合适？几日均线卖合适要看你要的是什么，不同日均线代表着不同的取舍，当我们理解什么线之下的根本逻辑，一切都很简单了。比如，你要的就是 5 日均线这波，当 5 日均线这波被扭转了，你还在里面干吗？你可以心存幻想，收回 5 日均线，那么你为什么不等 5 日均线回来再说？也就是跌势被扭转回来再说。当我们回到走势背后**看走势的根本逻辑**，再**结合我们的操作期望**，一切都会**变得简单**。

当然，这都不是死的，如果说 10 日均线就在 5 日均线下面，空间不大，我 5 日均线只想走一半，留一半看看 10 日均线行不行？当然行。但是，当 10 日均线如果也被跌势扭转终结的话，坚决不能再抱幻想了，你要面对涨势被扭转步入跌势的现实。

我们带着这样的根本逻辑继续往下看走势图。

第二股：中国重工 601989

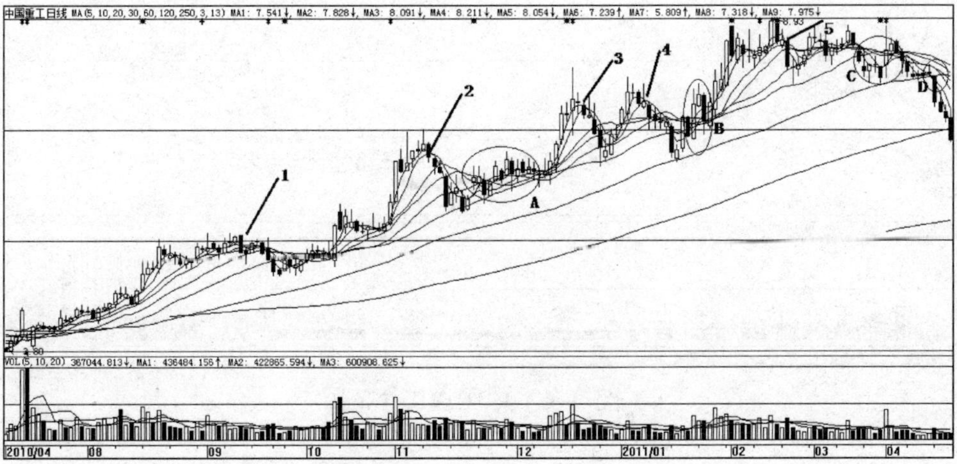

图 3-5　中国重工（1）

如图 3-5 中国重工所示，1、2、3、4、5 具体跌破了什么线，我们不去看，因为未必拉升都是像上一例股比亚迪那样的快速拉升，所以我们不执着于线，而是重点看走势的根本逻辑。带着这样的逻辑再去看1、2、3、4、5，是不是特别醒目？**都是跌破了在那个级别走势里的底线，扭转了涨势步入了跌势。**

A、B、C是涉及到买回来，如果一收回来线就买，可能面临的就是这样反复地震荡，也是一种煎熬，这是为什么班长说要**等大买点，尽可能地确立它已经拉升了**。D点，跌破60日均线后加速下跌。所以，不存在跌破几日均线后加速下跌，有的股可能是10日均线，有的股是30日或20日均线，有的是60日均线，**几日均线不要去执着，是去看走势背后的本质**。

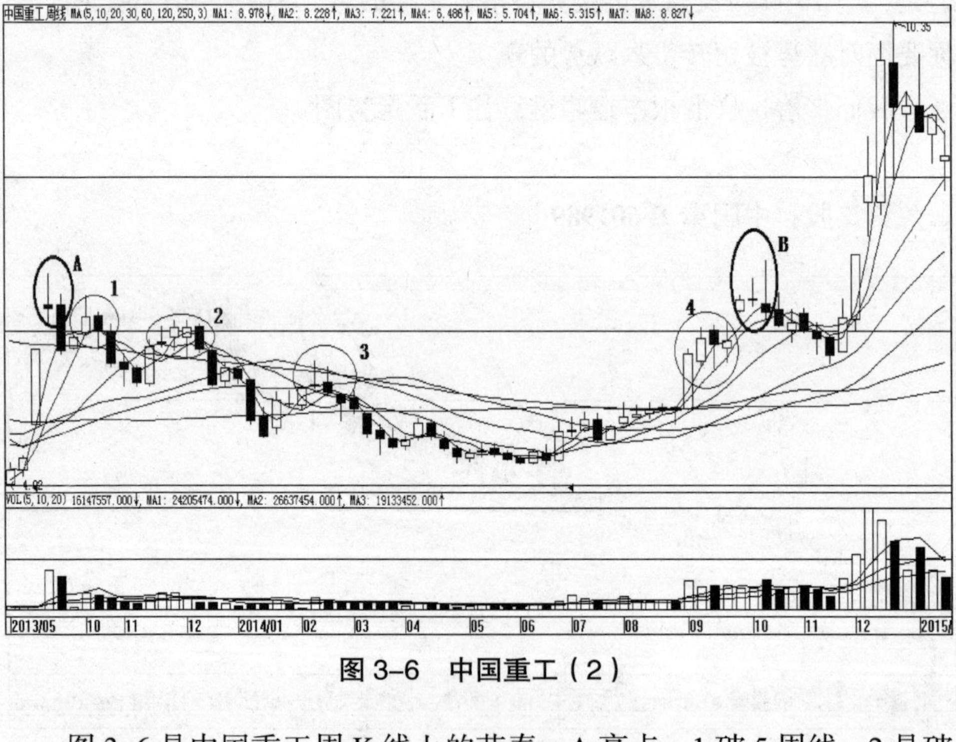

图3–6　中国重工（2）

图3–6是中国重工周K线上的节奏，A高点，1破5周线，2是破10周线后的发力，发力未能扭转，继续跌势。随着继续下跌，到了60周线再度努力，但还是未能扭转。经过下跌寻底，蓄势整理，步入4的

拉升扭转了跌势步入了涨势，但是能不能持续，还要看是否收复跌势高点。B 新高后回调，而后加速拉升。**周线上看也是如此，因为什么线不是关键，关键是这样的逻辑**。包括后面的加速拉升后，也是由不破 5 周线，到下探 5 周线后上收，再到跌破 5 周线、10 周线。

这样的逻辑，你拿到任何股，或者大盘也一样适用。当你带着这样的逻辑看盘时，就不会出现还在跌势就大呼要涨，还在涨势就大呼要跌。如果是展望，你随便往远了看，但操作就是另一码事，是要看眼下，如果还在跌势喊什么涨？什么时候扭转了跌势步入涨势了就跟进去。还在涨势的喊什么跌，什么时候由涨转跌了出来就是了，散户不就是船小好进好出吗？

我们再回到中国重工的日均线。

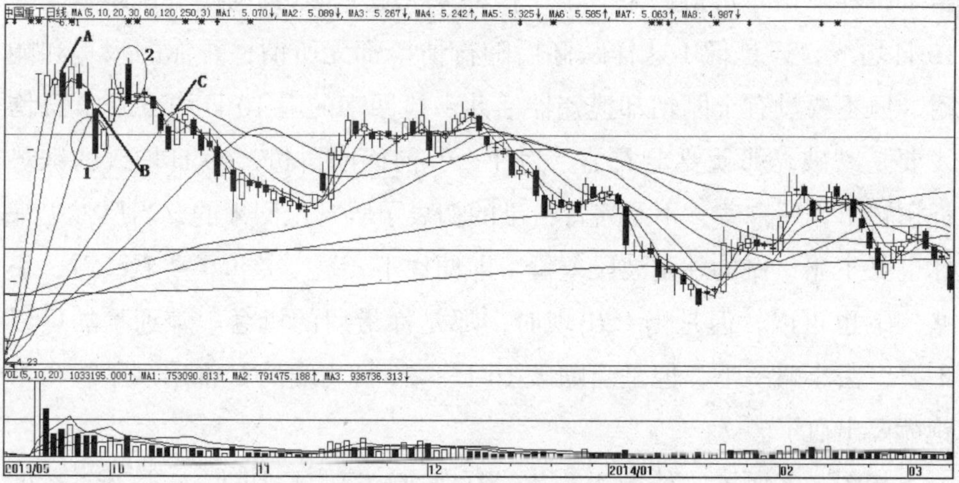

图 3-7 中国重工（3）

如图 3-7 所示，我们来看看 A 高点是怎么由涨转跌的。就像天气由晴转阴是要过程的，是要风把云吹过来的，而不是空降乌云。连续一字板的拉升，A 处跌穿 5 日均线后上收，上收后没两日还是破了，然后是 B 处的破 10 日均线。班长不会直接告诉你是破了 5 日均线就走，还是看看尾盘能不能收上 5 日均线再走，但是**班长要问你两个问题：**

（1）如果破了5日均线就走，尾盘收回来了怎么办？

（2）如果破了5日均线不走，想等尾盘看看，结果盘中持续扩大跌幅，到尾盘已经封跌停板了怎么办？

无论是破了5日均线就走，还是等尾盘看看是否回来再走，根本没有一个通用的法宝，童话都是骗人的，理想的结果是不存在的。破5日均线就走，你担心尾盘收回来，你可以不走完，但是又存在盘中持续扩大跌幅，你可以给自己一个幅度，比如跌破5日均线是10元，那么剩下的如果跌破9.80元或9.90元或9.70元（总之是你可以并且愿意承受的幅度）就立马走人，不跌破就拿着看看。

当然，跌破5日均线意味着5日均线的涨势结束了，不意味着10日均线的涨势结束了。你甚至可以把10日均线的那一半在5日均线也出了，等下探时再捡回来。至于捡回来究竟是10日均线上，还是回踩10日均线，还是像1这样跌穿后随行情捡都无所谓，看你的水平和能耐，但不要没有金刚钻却揽瓷器活儿。捡回来的看10日均线，10日均线要是跌破，那就要走人了。为什么？前面刚讲过，10日均线的涨势都扭转了你还拿着，不是违背自己的初衷了吗？捡回来的，当反弹上来你也要T出，做的就是波段差价。即便你不要这个差价了要看一看，小赌一下也可以，但是当C出现时，那是你最后的机会。赚到手的可以不要，去小赌一下，但是当跌破10日、20日均线的C都出现了，再不跑就要出血了。

如图3–8所示，跌势A高点，后来突破高点后加速。1是新高后的回踩5日均线，2是跌破5日均线后的下探10日均线。3是一个水平阻挡，跟前期密集成交区有关。如果1这里已经买进，2那里跌破5日均线要卖出吗？2那里下探10日均线要买吗？问题看似很复杂，但我们回到走势的根本逻辑上，答案就很清晰了。

首先跌破5日均线是不是意味着已经扭转了这波拉升，如果你做的就是这波拉升，现在被扭转了要不要卖？5日均线卖了，你又知道只是扭转了 5 日均线的拉升，10 日均线上来的未必，又捡回来看看 10 日均线行不行？当然行。如果你看的不是这一波快速拉升，那么 10 日均线就可以继续买，至于 5 日均线要不要 T 出，就随你自由发挥了。

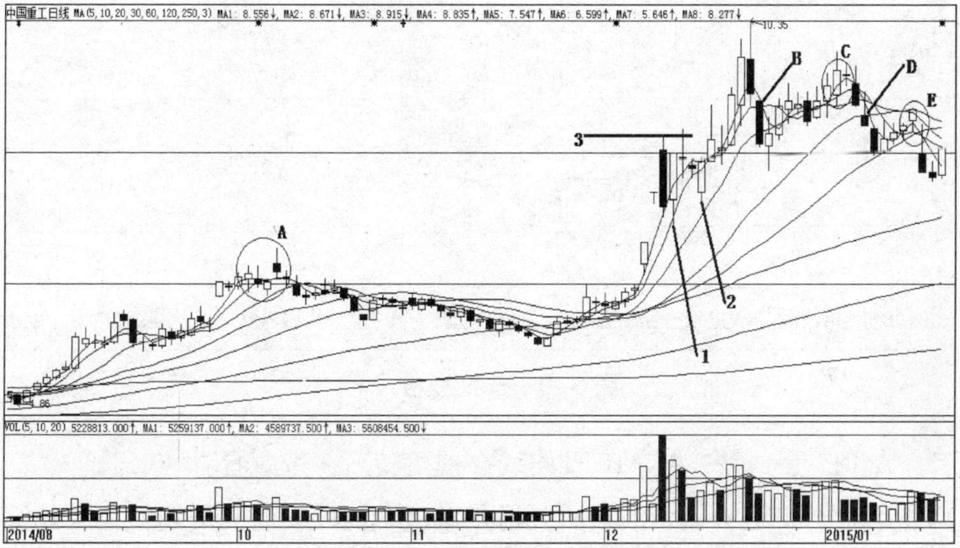

图 3–8　中国重工（4）

B 跌破 5 日均线，随后的持续反弹直到 C 也未能收复，当到了 20 日均线，跌破 20 日均线的 D 出现，已经宣告彻底没戏，还不卖出的话就要开始套你了，当跌到 30 日均线一波弱反，跌破 30 日均线的 E 出现，已经深套了。

第三股：一拖股份 601038

如图 3–9 一拖股份所示，1 下探 5 日均线，2 破 5 日均线后上收，3 破 10 日均线后上收。从下探 5 日均线到破 5 日均线，再到下探 10 日均线，再到破 10 日均线，这是不是从晴天慢慢转阴的？就像阴跌，尽管突如其来，也不是完全不给机会，**关键是你在想什么，你有没有想你在想什么！先搞清楚自己到底想要什么样的结果，再去想怎么操作。**

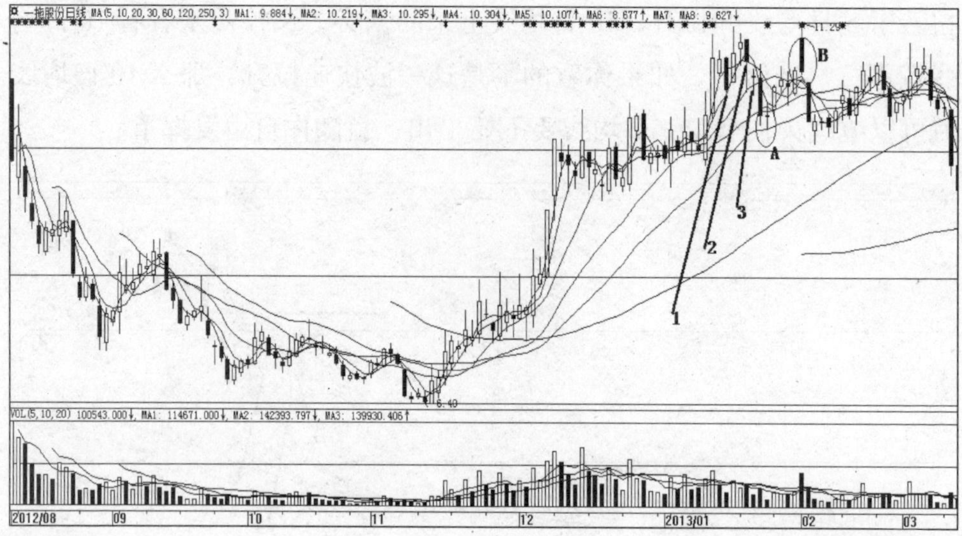

图 3-9　一拖股份（1）

A、B 是一个 T 点，10 日均线也被扭转后，带着看看 20 日或 30 日均线的心态 T 进去做个波段的，但是做这个波段的前提是你要和这股长相厮守，其他股你都不看了，可以来做做波段赚赚差价，逮住机会就降低成本。

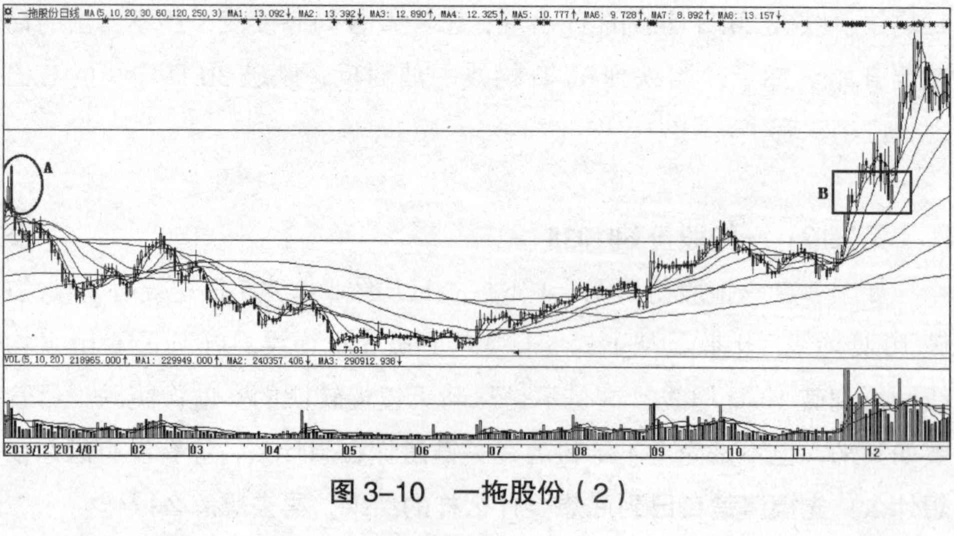

图 3-10　一拖股份（2）

如图 3-10 所示，B 收复了 A 高之后加速拉升，虽然班长在本书要讲的不是一买就暴涨，但是同学们必须要了解到走势背后的根本逻辑，**没有三两三不敢上梁山，能收复多大的压力就能拉出多大的拉升。**

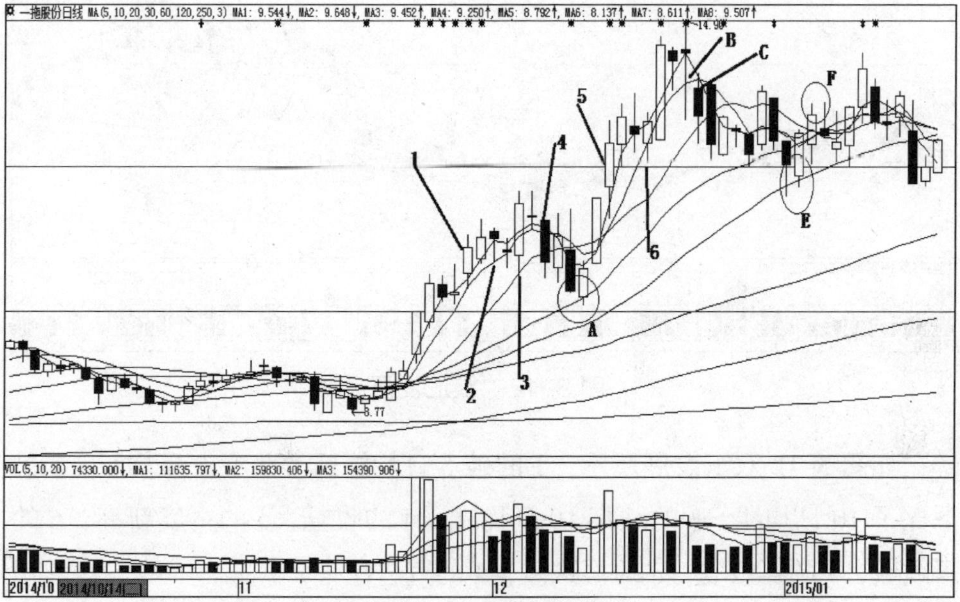

图 3-11 一拖股份（3）

图 3-11 是图 3-10B 区的放大图。

1 是收复了 A 高点，2、3 的回调买点，4 是跌破 5 日、10 日均线的卖点，A 是长相厮守的波段点。不打算长相厮守的就不要波段了，为什么？因为你要的是快，有做个波段的时间，还不如做其他具有大买点的股，如果涨势继续，那等收复了再回来也不迟。

5 收复，6 买点，买后再加速。B 跌穿 5 日均线后上收，C 跌破 5 日均线，跌穿 10 日均线后上收，而后跌破 10 日均线。E、F 是跌到 30 日均线，然后看 30 日均线的反击，未能扭转，但做长相厮守的把 T 已经做到了。

第四股：双汇发展 000895

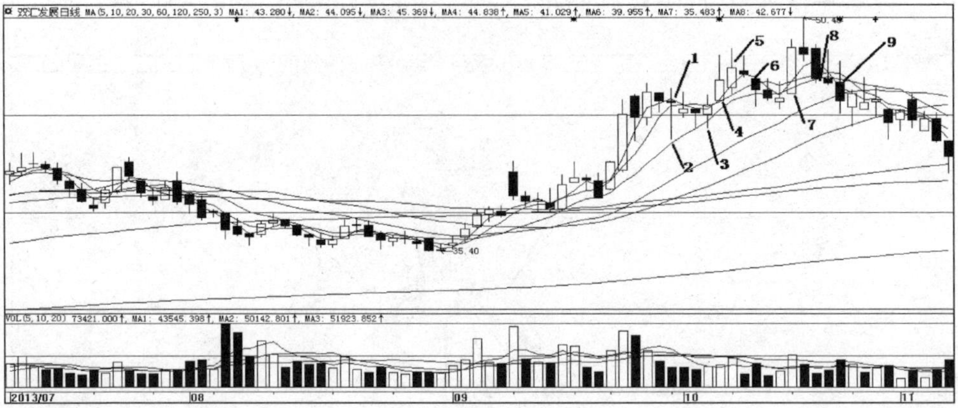

图 3-12　双汇发展

如图 3-12 双汇发展所示，1 的破 5 日均线后上收在 5 日均线，2 是下探了 10 日均线，3 的跌穿 10 日均线，4 的收复，5 的再度新高，6 的再跌破，7 的再收复，8 的再跌破，9 的宣告结束。

如果不能厘清走势，不能厘清操作者的操作定位，就会晕死在这跌破收复、收复跌破之中。只有你知道你做的是什么趋势的操作了，才知道要不要走。这方面就不多说了，刚才讲了关于盘中跌破，还是尾盘看收回不收回的问题，同学们都了解如何制定策略。那么，像 3 这样击穿一点点的情况时有发生，能不能借鉴那样的策略呢？如果 10 日均线是 10 元，我能不能把出场底线放到 9.90 元或者 9.80 元呢？

可以，但是你不要无限去扩大。这样也可以有效避免一些操作，当然真跌破时就要付出一点点代价了。

第五股：陕国投 A000563

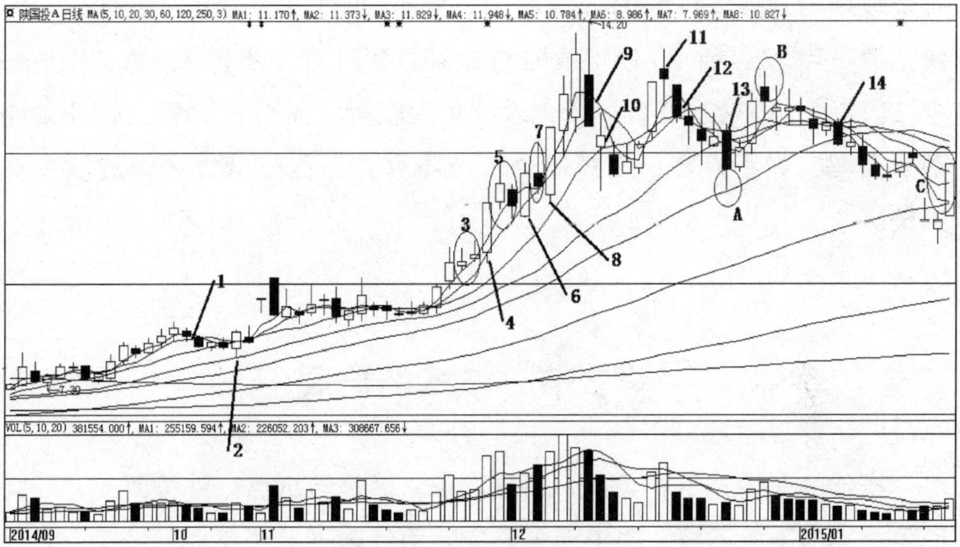

图 3-13　陕国投 A

如图 3-13 陕国投 A 所示，1 破 5 日均线，2 下探到 20 日均线，这里**因为 5 日和 10 日均线的距离很近**，所以我们**不能以一根均线去定义这些走势**，要学着去看实际走势，**所以千万不要想着记住某根均线值，不同角度里有时候 10 日均线就是 30 日均线，有时候却天壤之别**。

4 的跌破一点 5 日均线，看 4 之前 3，是出现了小震荡；6 的跌破一点 5 日均线，看 6 之前的 5，也出现了调整；8 也是，有 7 的调整。**这就给了我们两个信息：**

（1）上一例股双汇发展说的给跌破 5 日、10 日均线可以再加个底线；

（2）这种跌破往往出现在哪里？走势出现震荡时。这就是经验，随着你执行好基本的操作，会不断地从走势和操作的经验中汲取更完善的策略。

9 跌破 5 日均线，10 跌穿 10 日均线后上收，怎么卖？别期望班长再给你说一句卖还是不卖了，而是要学会问自己，问自己的操作角度是哪个级别的趋势。11 没有收复前高，当 12 再度跌穿时意味着什么，你要知道。当 13 跌穿 20 日均线时意味着跌势又进一步扩大，A、B 是一个波段点。14 跌破 30 日均线，继续扩大跌势。**而 C 的涨停，你还会冲动兴奋吗？你不兴奋，你知道为什么不兴奋，你知道什么样的才令你兴奋。**

第二节 技术的拓展

操作的逻辑，不是买点，不是卖点，而是转折点；乘势而上，顺势而下；操作不急不缓，心中无多无空。为什么不是买点，不是卖点？因为无处不买点，又无处不卖点，甚至每一笔成交的地方都是买点也是卖点，每笔成交都有一个买家和卖家，并且双方都以为自己的操作行为是对的。所以，我们不去过度地谈买点，谈卖点了，我们只在起风了趁风而起，风息了顺风而下。心中没有了那么多的幻想，因幻想而来的操作更是无处滋生，如此，**心静了，你的操作才能随风轻扬**。

本节班长通过 11 只成长潜力股继续来讲卖点。

第一股：赢时胜 300377

如图 3–14 赢时胜所示，虽然股是看好的潜力股，但是你知道**没有风，一切都是妄谈**。当你静静地等待，风吹过山口，1 出现，2 买进，4 买进（也可以在 3 ~ 4 完成一个卖出和买进）。就算 3 卖出，4 没有买进，那么 5 过了 3 高，6 再买进，后面的拉升依然跟上了。如果 4 这里没有买进，5 直接一路飙升，放跑了怎么办？**放跑了就放跑了，不要迷失在想着抓更多的机会当中**，你要往内看看自己，做到“**我只在乎我能不能**

抓到，我只在乎我能抓到的，我不在乎没把握的”。

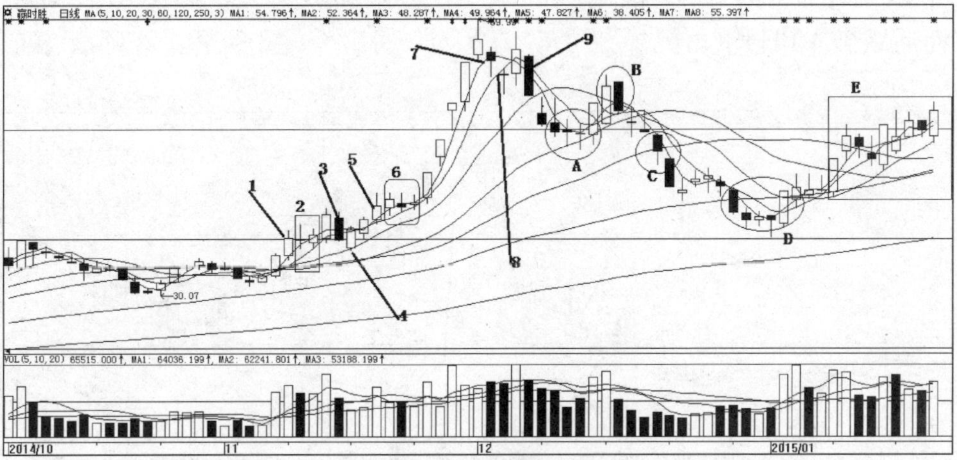

图 3-14　赢时胜

当然，没把握的，可以去学习怎么把握。但是，好多同学，总是分不清学习和操作。明明是学习，基础还没学好，就直接大手笔操作，操作带来的亏损已经严重扭曲了你的意识，使得整个心态都坏掉了。

2 这里只是回踩了 5 日均线就拉升，但这波拉升还没有拉太多，10 日均线并没有远离，**所以正常情况下，应该是 5 日均线 1 处买进后的 10 日均线 4 处买进**。3 破 5 日均线高抛，4 回踩 10 日均线低吸的波段，你会了就做，不会就学就看就练，但是不要做以赚钱为目的的操作，用一手练练就好了。随着 6 之后的快速拉升，4 个涨停，连续大涨之后有了 7、8、9，如果破 5 日均线就卖出，那就是 8 这里了，似乎损失了不少利润，没办法，**对于不知道怎么做的，你最好老老实实按照 5 日均线去操作**。

不要想着破了日线卖亏的多，想 3 日均线卖，你是新手啊，谁叫你意识不够强，技术不够精的，万一 3 日均线卖了继续飞涨呢？随着操作经验的增加，盘感的增强，发现连续 4 个板以后都远离 5 日均线了，3 日均线是个不错的参考，**你打算按照 5 日、10 日均线的模式在 3 日、5**

日均线展开波段，那么你就去练。注意是练，是尝试，是学习，不是以赚钱为目的的操作练习。8之后反抽，反抽后有了9的跌破5日均线，而后跌破10日均线。

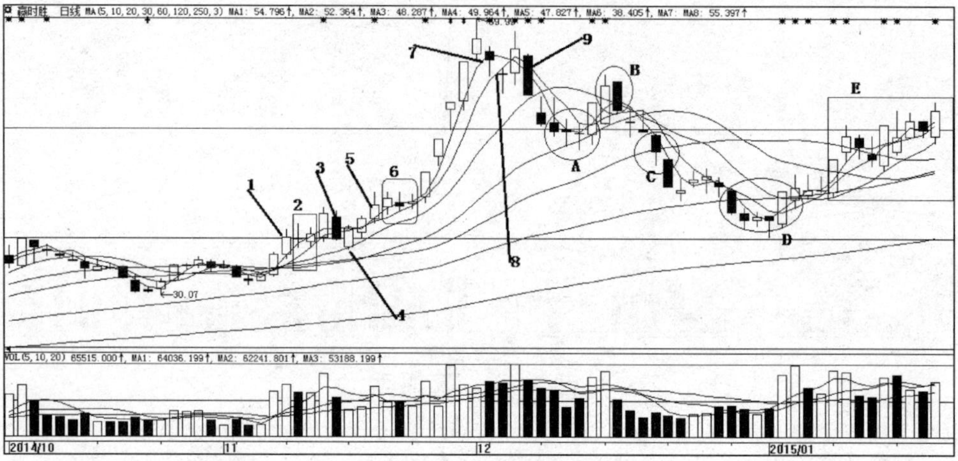

图3-15 赢时胜

如图3-15所示，破5日均线又破了10日均线，意味着没有扭转5日均线的跌势又加上了10日均线的跌势，5日均线的结束，以为会从5挡换到10挡，结果10挡没有切换成功，所以没有什么可期待的了。20日均线的A和B又构成了一个T，为什么C的30日均线没有反击？因为30日均线和20日均线很近。60日均线的D又组织了一波反弹，有了E区，E区的节奏还挺明显—拉升—回调，再拉升—再回调，回调后今天(2015年1月22日)再拉升。

为什么这么强烈的一二一的节奏也没有推高太多？因为要扭转5+10+20跌下来的山头。是否能扭转得了，不是我们应该去猜测的，看一眼就成了，把你的精力放到该放的地方。更不要因为你觉得要涨，就买进去赌突破。当然，是长相厮守的小赌一下也可以，性质是不一样的。不一样在哪里？在操作预期，人家是做T，而你按照你的操作预期应该去买那些具备更多上涨因素的股票。

买点从扭转跌势，卖点从扭转涨势，为什么要买进？因为涨势了；为什么要持有？因为涨势持有能获利。为什么要波段？因为你是长相厮守的，这个级别的被扭转了，下一个级别并不一定，或许做个差价。为什么要卖出？因为跌势了。在以后的操作中，无论你做任何操作，都要问自己：买进，你要问你自己为什么买进，买进的是什么；卖出，你也要问自己为什么卖出，卖出的什么。

第二股：安硕信息 300380

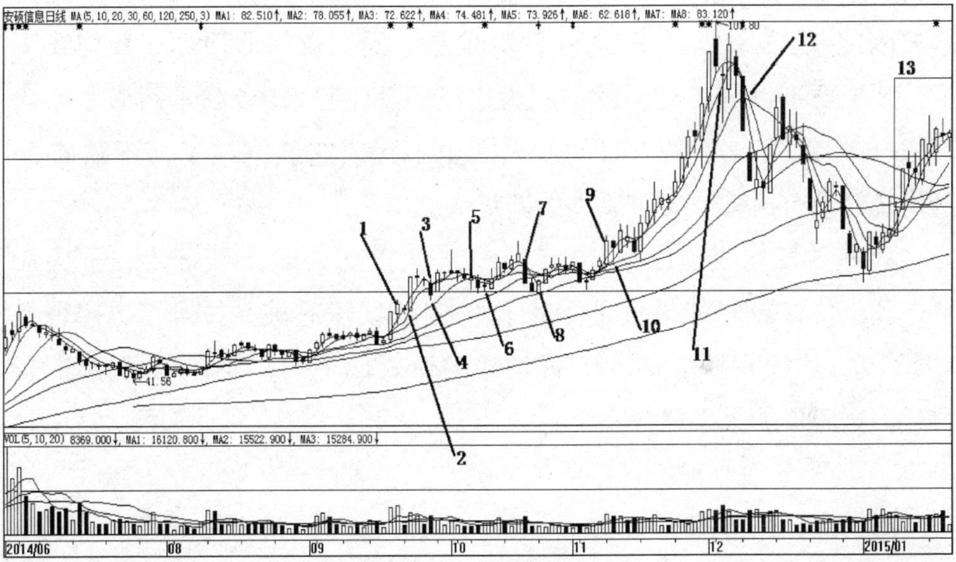

图 3-16　安硕信息

如图 3-16 安硕信息所示，非常看好赢时胜这家企业，但是赢时胜还没有扭转跌势，所以即使看好也是关注而已。别忘了前面讲的例股，**再好的公司，在公司不变的情况，不对的时间持有，也可能是煎熬**。

那么安硕信息呢？看 13 区，虽然站上所有均线，但也不过是扭转了跌势，还在震荡整理，能否进入涨势，还要看看是否收复跌势高点。至于 1 的收复高点，2 的回踩买进，3 的破 5 日均线，4 的回踩 10 日均线后再度拉高，5 的破 10 日均线，6 的下探 20 日均线后再度拉高，7 的破 20 日均线，8 的回踩 30 日均线后再度拉升但也未能收复。这个 20 日均线和 30 日均线离得也近，30 日均线获得了支撑，但刚才的赢时胜却没有，怎么办？相信很多同学的第一想法，是想找到万全之策。既然离得近的，有的能再撑一波有的不能，对于我们技术不精湛、经验不丰富的操作者来说，要做的是放弃，做最有把握的，把有把握的做好就可以了。

9 再过新高，10 买点买进，当然后面又一次回踩 20 日均线，这里是买点还是出场点？其实性质和赢时胜里 4 处的 10 日均线一样，**因为这波刚起来，5 日、10 日、20 日均线是你的买点**。即便你 5 日均线买了，破了要走也是 T 性质的，因为这波还没拉起来，5 日均线破了不代表 10 日均线就破了，10 日均线破了也不代表这波终结了，**不跌破 30 日均线就没有扭转 9 突破确立的新势头**。

11 破 5 日均线，12 破 10 日均线，想着破 10 日均线才走，损失大了点儿，应该想想如果只是回踩了 10 日均线没有破又拉升了，想着在 3 日、5 日均线按照 5 日、10 日均线的模式玩 T 的，要先观察，练习，观察，然后再加大手笔操作。

第三股：东方通 300379

如图 3–17 东方通所示，目前停牌中，但是不影响我们看走势。看走势，走的杂乱无章，给人一种无从下手的感觉。**新股刚上市少不了折腾和反复整理，但是会越整理越顺**。为什么少不了折腾和反复整理？因为我们作为一个小散都能看好，其他机构的眼睛也是雪亮的，而且机构不止一家，那么就要在里面扭打。**不过，扭打、折腾、震荡，也是有几个要点的：**

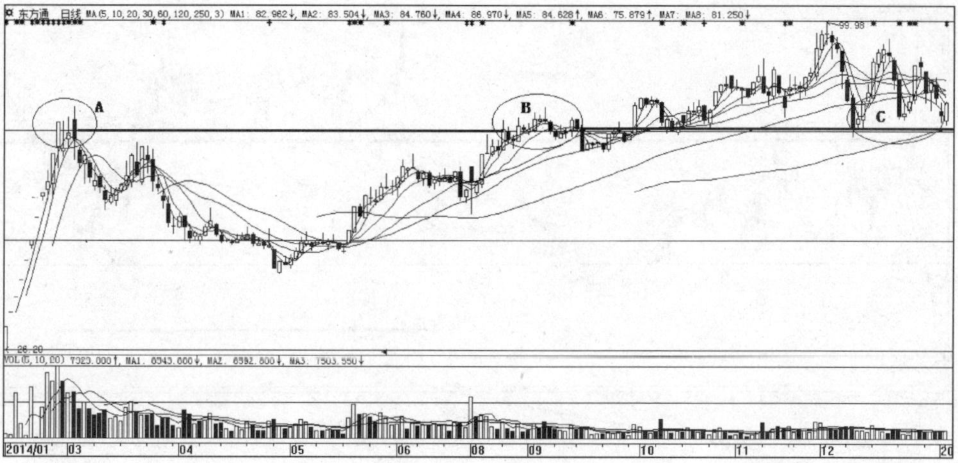

图 3–17　东方通

（1）围绕重心，看 A、B、C，围绕这一区域上下震荡整理；

（2）整理第一阶段是机构之间的争东家，看谁占住地盘；

（3）整理第二阶段，吃够筹码占住地盘后做低自己的成本，成本优势使得其他想进来炒作的机构不敢轻易进来；

（4）整理第三阶段，加大震荡来统一战线，为拉升做准备，不能一拉升，你就跑路，那不成了抬轿的了？所以往往拉升前出现挖坑卧倒。

不过，说这个给同学们也没有多大实际作用，了解一下就是了，只需要知道在新股上市后是会出现反复整理的。

第四股：绿盟科技 300369

如图 3–18 绿盟科技所示，之前安硕信息讲了围绕一个重心，在做上下震荡的整理，绿盟科技也在整理，这种逻辑在整个市场都是存在的，有句话说，**股价总是围绕价值轴做上下震荡。有的价值是保持不变的，那就是水平震荡，就像企业短期没变，就围绕上下整理。随着时间的推移，价值增值了就随着企业价值增值做上下震荡，左下方这个倾斜的就是。**

图 3-18　绿盟科技

打开大盘，从日线到周线，再到月线，最后在年线级别看看，是不是类似于这幅图？整理的就让它去整理，无从下手的就不下手，有时不操作比胡乱操作更好。就像跌势该休息不该持股结果被套近 50% 的同学，不如那个只做了一波涨势，涨势结束后一直歇着的同学。操作，比的是谁勤劳，更是比谁在对的时间做对的事。

第五股：国祯环保 300388

如图 3-19 国祯环保所示，在之前绿盟科技讲了，没有收复跌势高点，那就歇着，即便你看好，即使你觉得要涨。但也不是所有你看好的股的折腾方法，都是让你无从下手的，还是会有可以让你下手的，就像国祯环保。

1 新高后 2 回踩买入，当然了，新股有时候因为筹码散乱，士气不合，往往持续性不强，买入后未必个个都能像赢时胜那样持续大涨。赢时胜持续大涨是因为太看好了，只能通过抬高来抢筹，毕竟谁的筹码多了谁才有话语权，才能当东家。国祯环保一波之后跌破 5 日、10 日均线，在 20 日、30 日均线进行了持续的整理，一直处在非扭转跌势之后的涨势，也没有重回跌势，直到 3 新高之后新的确立，4 回踩买入，而后再度加速，5、6、7 是什么就不说了。

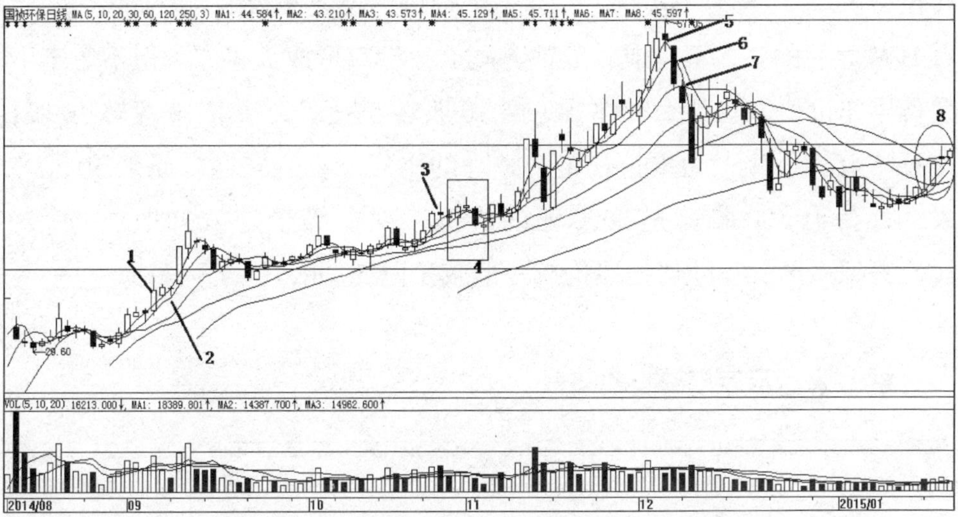

图 3-19　国祯环保

你看好这股，没用，你再觉得要涨，还是没用。**唯有走势再度步入涨势，而这个步入涨势的信号参考就是收复跌势高点。**

第六股：蒙草抗旱 300355

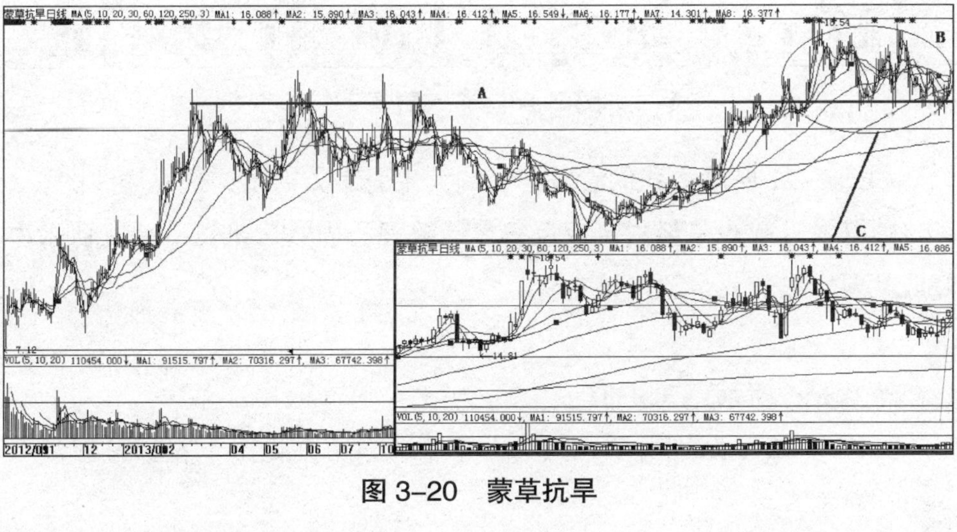

图 3-20　蒙草抗旱

如图 3–20 蒙草抗旱所示，又一个让你无所适从的走势。没办法，不是个个赢时胜都是蒙草抗旱，也不是个个蒙草抗旱都会像国祯环保那样拉得顺畅。不过，也是在围绕一个轴进行反复震荡，那么问题来了，看 B 放大后的 C，不构成收复跌势高点，没有形成大买点，但不等于不具备操作价值。为什么？你看一次 10 股转 5 股，又一次 10 股转 10 股，这意味着什么？主力维持住走势整理的格局，在赚转送。原来 50 元一股，你持有 100 股就是 5000 元的成本，现在等于是 300 股，一股 20 元，等赚完送股，随便把股价拉一倍或拉回 50 元，等于赚多少？

第七股：东方财富 300059

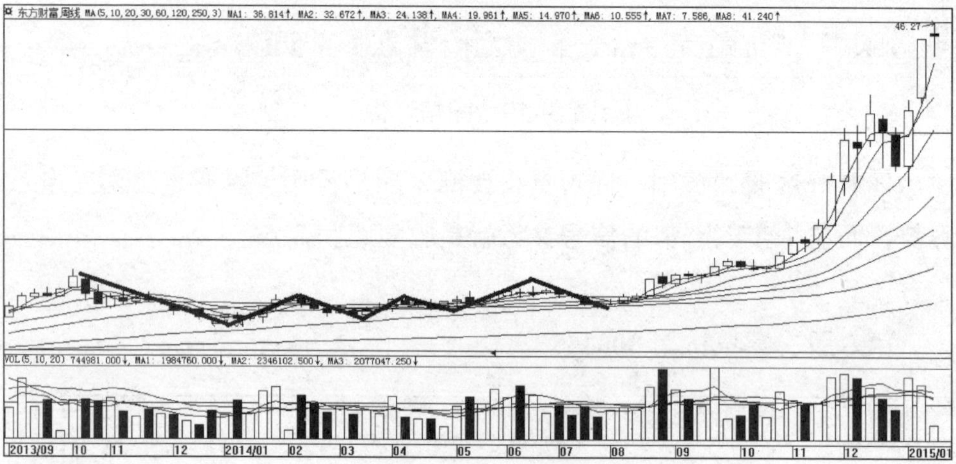

图 3–21 东方财富

如图 3–21 所示，我们看看曾经的大牛股东方财富，这是周线图。

疯狂拉升前也是经过了反反复复地整理。当然，班长不是鼓励你看好股就要宁愿套死也要坚持拿着。

第八股：斯莱克 300382

如图 3–22 斯莱克所示，因为上市不久，也在做上下宽幅整理，不能因为看好企业就买进持有，没有大买点就等着。当然，通过蒙草抗旱发现了未必靠大买点那一种方法翻倍。

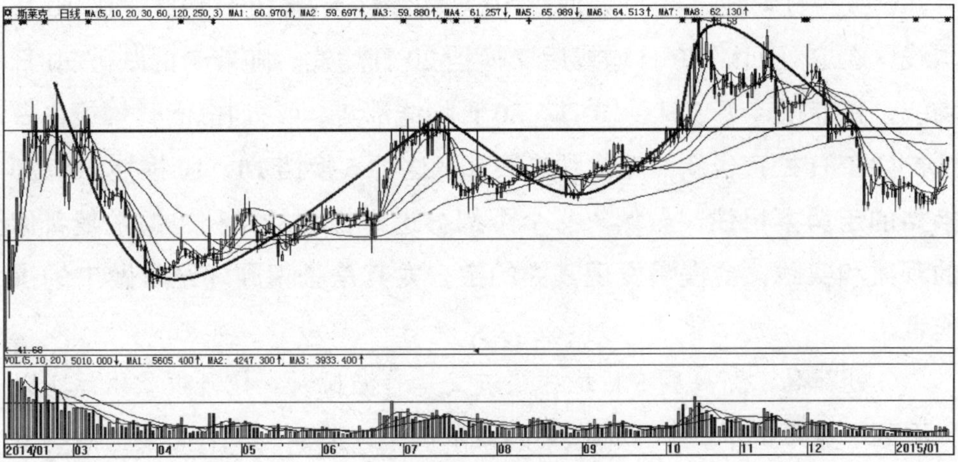

图 3-22 斯莱克

第九股：怡亚通 002183

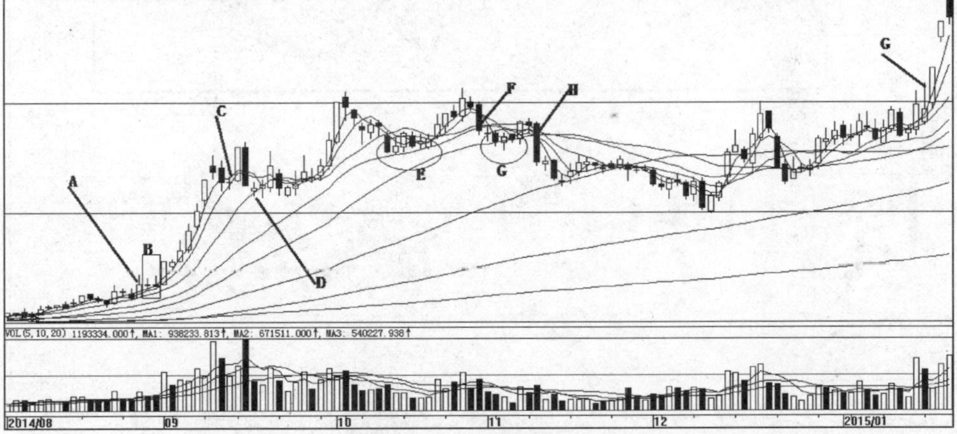

图 3-23 怡亚通（1）

如图 3-23 怡亚通所示，A 突破、B 买入，这是大买点的威力。之所以说“你看到了蒙草抗旱这样的模式，不等于你能做到”，是因为当你苦苦守在蒙草抗旱里时，看到外面的世界，尤其是看到怡亚通、赢时胜这样的连续拉升，还能淡定吗？还能坚守的住吗？

C 破 5 日均线，在 D 处回踩 10 日均线，换挡 10 日均线。破 10 日均线，在 E 处回踩 20 日均线后又换挡 20 日均线。随着 F 的跌破 20 日均线，相继扭转了 5 日、10 日、20 日均线涨势，G 处在 30 日均线稍做抵抗就在 H 处宣告新一轮的跌势展开。**这种 5 换挡 10，10 换挡 20，20 换挡的走势要记住**，虽然未必个个都会这样标准的换挡，但是**随着你的观察和实践，会慢慢发现其中的宝，尤其是长相厮守经常做 T 的操作者**。

G 处新高，新高后 5 日均线买进又是一波拉升。拉升很欢乐，所以你看到了蒙草抗旱。如果你做不到蒙草抗旱，那你也没有必要去做到蒙草抗旱那样的，做好大买点就是了，哪怕你遇到一次这样的也是翻倍了。

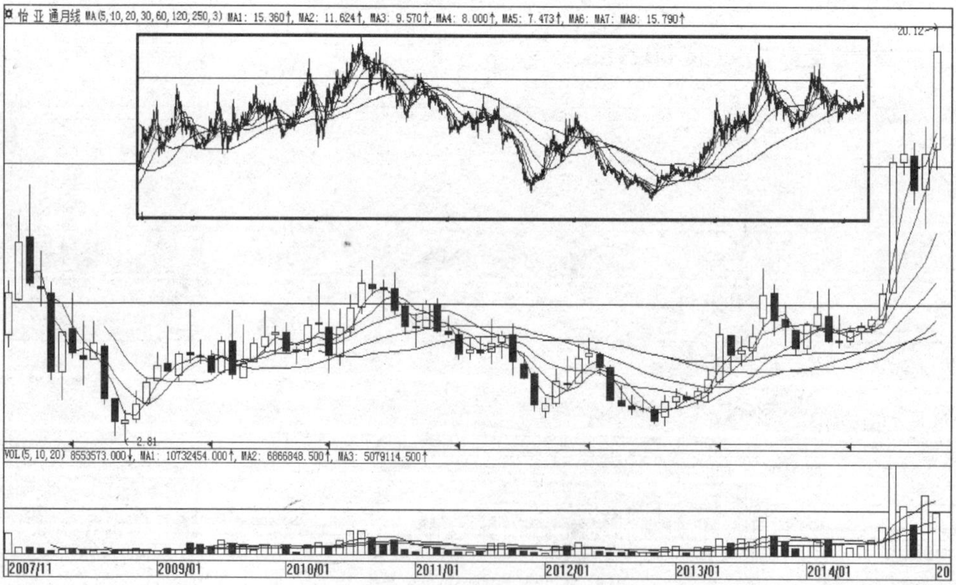

图 3–24　怡亚通（2）

如图 3–24 所示，怡亚通是生来就这么彪悍的吗？显然不是，也经过了各种整理。月线上看着是横盘，其实就像大海，飞机上看风平浪静，跳进海里你就知道了，所以截取了月线对应的日线，日线上也是一波接一波的震荡。

到这儿，还有两只股没说。这 11 只股，有买点的比率很低，因为这都是刚上市不久的新股，这就给同学们留了一个选择，要么你等到小萝莉长大成美人再娶进门，要么你就自己去找那些整理很久了的成长潜力股。

第十股：友邦吊顶 002718

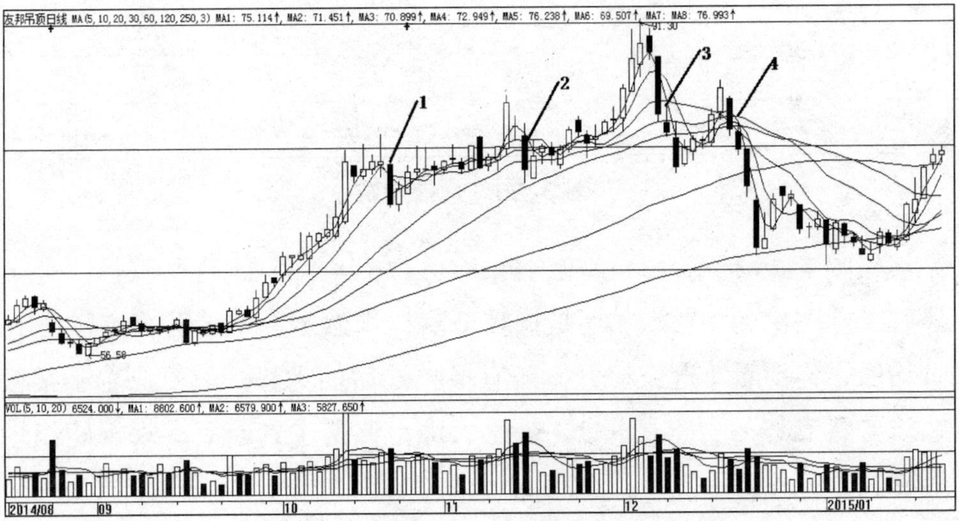

图 3–25　友邦吊顶

如图 3–25 友邦吊顶所示，目前走势来说也是需要等待，但之前的走势可以看看。买点、卖点就不说了，来说说拉升挡位的节奏变换。

1 跌破 5 日、10 日均线，换挡 20 日均线。2 跌破 20 日均线，换挡 30 日均线。3 跌破 30 日均线，反弹也是无力回天，扭转不了，所以 4 之后大跌也正常。因为涨势 5 没了，10 没了，20 没了，30 没了，跌幅当然越来越大了。这种节奏是同学们在遵守最基本的买点、卖点之后，要格外多加留意的。

第十一股：众信旅游 002707

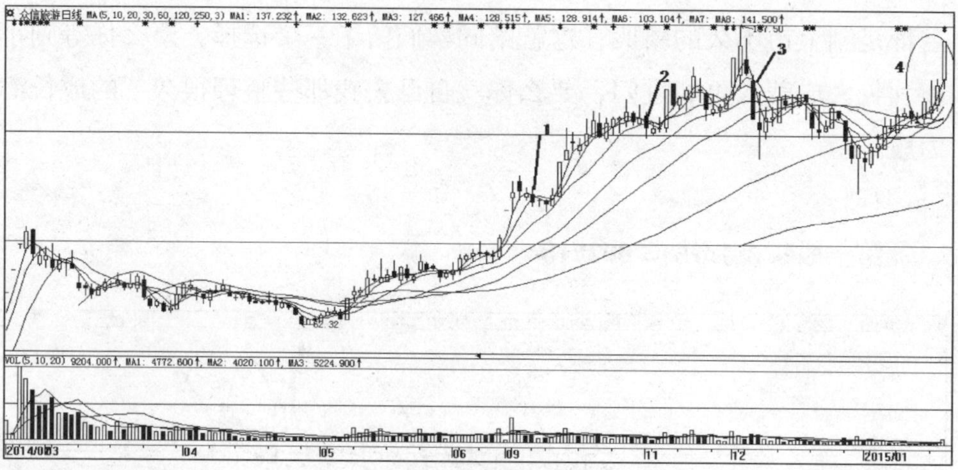

图 3–26　众信旅游

如图 3–26 所示，众信旅游昨天（2015 年 1 月 21 日）涨停，今天停牌了。图中的 1、2、3 还是换挡节奏，当然不一定 1 之后就换挡 10 日均线，你要看 1 这波拉升，还有换挡之后的走势。不要执着于某根线，要看走势的根本逻辑。**4 这里大涨，但是未创新高，规规矩矩地等着。**

尤其是对于新手来说，赚不赚钱就看你舍弃多少你认为的“机会”，当你舍弃了你认为的“机会”，抓好了该抓的机会才有意义。不要总想着放跑了怎么办，要铁了心做到“我只在乎我能抓到的，我不在乎没能力把握的”。在思维上一定要扭转过来。没能力把握，可以去学习，练习。前提是做好你该做好的操作，且练习只是练习和学习，别和以赚钱为目的的操作搞不清。

讲这些小盘股就一定要操作小盘股吗？当然不是（长相厮守的除外）。没有大买点，尤其是权重行情来了怎么办？你去做蓝筹成长股就是了。但是，**无论你做蓝筹成长还是小盘成长，最终决定股价走势的还**

是企业本身的价值，只是有时候围绕价值波动的幅度会略大一些。但这没关系，不影响你的操作，因为你会让你的船在安全的航道行驶。

以价值投资的眼光选股，用技术方法操作，方法越简单越好，尤其是对于新手来说。先做好最简单的，再慢慢拓展你的技能。你要的之所以多，是你不知道你要的是什么。你知道你要的是什么了，就会用尽所有力气朝着那个方向前行。现在你或许还不会跑，没关系，你可以学习跑，但请你把急着跑的心放一边，先走好，这是你走向盈利的第一步，这是最简单的方法，也是大智若愚的智慧。

问题点拨：

同学问：看来要好好去消化消化，今天我还买了不少的国祯环保。

班长答：这是买点，只不过是让同学舍弃的买点，如果你已经具备了做这种操作的准备，也不算错的。

同学问：班长说的蒙草抗旱"等赚完送股，随便把股价拉一倍或拉回50元，等于赚多少？"是什么意思？不懂。也就是说，有高送转的可能，所以横着？

班长答：不是因为"存在高送转的可能"所以"横着"，是机构已经在赚着高送转了，机构震荡折腾中也在做差价降低成本，还赚了股本，随着折腾整理的一二三四阶段，夯实了拉升的基础，股本也转了不少，一举两得。

同学问：我今天（2015年1月22日）开盘出了002339，进了国祯。还好，班长安慰了一下。

班长答：班长不是安慰，是鼓励知道在做什么的同学继续做，甚至扩大战线，但是不知道的同学不要贪多，做好基本的就够了。

同学问：班长，第一例股中"20日均线的A和B又构成了一个T"，这我不理解，请指导。谢谢！

班长答：换挡到20日均线，10日均线趋势结束了不意味着20日均线结束，长相厮守的在A点20日均线接回，有了B的拉升就T出做差价。

同学问：班长您好，大买点出现的时候需要考虑大盘吗？如果当时大盘趋势向下，个股出现大买点怎么办？

班长答：那要看大盘是什么级别的趋势向下了，空头排列的跌势还是前天那样的暴跌，性质截然不同，具体是放弃机会歇歇看看还是减少交易仓位当练手随你自行掌握。但原则上，个股出现大买点时，你也可以操作，前提是设好止损，不涨了怎么办，一定要有应对策略。

同学问：感觉长短均线拉得越开，换挡越容易成功。

班长答：这个感觉是个很有价值的感觉，但做就先做基本的，等感觉经过练习、实践的检验，认为自己有把握了，再用来做赚钱的操作。短期均线拉得开是因为拉升幅度大，拉升幅度大说明势头强，势头强说明惯性大。

第四章　五年十倍的终极之路

选股技术有了，认识深了，剩下的就是通向塔尖的终极之路。如何成就“五年十倍的自己”，如何成就“五年十倍的利润”，最后一章班长将为同学们点亮终极之路。所谓“道重于术”，**如果行业篇和技术篇算“术”的话，智慧篇就是操作之“道”，是君子之操作有所操作有所不操作的道！**

终极之路是什么呢？**操作者的终极之路是殊途同归的**，但每个人的终极之“路”肯定是不一样的。如何找到适合自己的模式，形成自己的风格，又如何在不同阶段找到适合自己的模式，形成自己的风格，是每个操作者的操作生涯要做的，这是活到老、学到老，**让自己的“含金量”也不断地增加**。当然，增加有时候不仅仅只是增加，有时候减少是另一种增加。

终极之路，如果用一组数字来说明的话，可能更醒目。很多同学的操作困境在于幻想一日暴富，恨不得买一股赚十倍。要实现一年十倍可能很困难，要实现一股十倍也不多见，但是在五年中制定合理的目标，进而采取相应的策略来实现十倍的目标，肯定是非常简单的事情。如果你的资金是10万，一年50%的目标如何？可能很多同学不屑，因为每年那么多股票涨数倍的，但是五年坚持下来是多少倍？肯定不是50%乘以5那么简单。

如果用几个字来概括终极之路，就是：变，不变，易简。变的是股，不变的是操作原则。用不变的原则操作万变的股票，并在容易简单的操作中成就自己的终极之路，而操作方面的终极目标也就达到了。

平凡之路

这一节是最轻松的，也是最难的。之所以说是最轻松的，是经过前面章节做加法之后这节要做减法，化繁为简；之所以说是最难的，是要放下旧有的自己，返璞归真太难了。关于如何放下旧有的自己，曾有同学分享过经验，是“多看，反复看，持续地强化班长在书中讲的逻辑和理念，给自己‘洗脑’，像另外一位学长看了 50 多遍，书都翻烂了，然后半年时间翻了一倍”。

曾有位学者做过一个试验，他去到一家公司，让每一位员工写出自认为对公司做出的贡献比例是多少？最后加起来结果是 300%。300% 意味着什么呢？也就是说，几乎所有人都高估了自己对这家公司的贡献，而且是远远的高估了。之前班长说**不赚钱的同学有四种**：

（1）选操作目标毫无章法，操作随意不堪，收益好坏跟行情好坏有关，行情好时赚一点点，行情不好时就亏得厉害；

（2）会选行业但是切入点不对，往往是好企业却带不来好收益；

（3）会操作但是不会选目标，一年到头忙来忙去也是小打小闹赚不多；

（4）既会选目标又会介入点，但是收益并不理想，究其原因是猴子掰玉米难成大事。

同学们是哪一种，自觉对号入座，对号入座不是为了分门别类的给你开方子治病，因为**这四种症状的根结是一样的**。像上面那个 300% 的例子一样，高估了自己的能力。**在投资圈里，高估自己能力的问题是普遍存在的**，在你的能力圈选一个自己能把握住的不就好了？可我们经常高估自己的能力，总以为能做出最理想的交易，交出最完美的答卷，收获最丰厚的回报。最经常见的，标榜着投资派的，本应该是按基本面选股安心做大级别交易的，结果看到短期个股精彩纷呈就忍不住想要获得短期回报。标榜着趋势派的，按走势进进出出做短期交易的，看到人家长期苦守获得丰厚回报时，也想守一只待他日苦尽甘来。投资派的没有准备好短期交易的技术，而趋势派的没有做好长相厮守的心理准备。**关键你要对自己有一个认识，我想要什么样的？我能要什么样的？问清了自己，才能选定自己的路，才有望真正坚持走下去，**才能真正地改变你的操作本性。因为你心理开悟了，知道了自己的能力，知道了鞭长莫及。

这个逻辑也是无处不在的，就像我们讲卖点究竟什么线合适时，要问问自己做的是什么级别的趋势，按照涨势被扭转趋势的根本逻辑，选卖点就非常简单了。**少即是多，慢就是快。这个是班长一直在推崇的理念。**为什么那么多同学还在“快”，还在“多”呢？甚至班长自己也会在不知不觉中“快”，不自觉的“多”，**好在班长常常做内心关照，当发现自己快时，通过能力认知疏通内心慢下来。**

其实，这个感悟来自于我朋友，因为班长大长腿，快两米的个儿，和朋友一起走一走时就说我走得太快，问我为什么走那么快？仅仅是因为腿长的原因吗？为什么要赶路？你以为你再赶都能赶过你的生命？当生命终止的那一刻，你赶的意义又在哪儿？虽然她跟我说的这些问题，对班长而言可能未必是问题，我也知道她可能觉得两个人的时光，应该是缓缓流长、静水流深的。但却提醒了班长，让班长想到更多层次的问题。比如，很多人都在忙碌着赚钱，但你想过没有，赚钱的本质是什么？或者说你为了什么而赚钱？尤其当你为一个项目，为一份工作，拼了命的东奔西跑，玩儿命似的加班加点，是不是太快了或者太多了？虽然是为了更好的生活，但是不是忽略了生活的本质？有段话班长非常喜欢，**给同学们分享**过很多次：

这是一个最坏的时代，这也是一个最好的时代；这是一个愚蠢的年代，这也是一个智慧的年代；这是一个黑暗的季节，这也是一个光明的

季节；这是失望之冬，这也是希望之春；人们面前一无所有，人们面前也应有尽有；人们正走向地狱之门，人们正踏上天堂之路。

今天有位老同学晒了持有东方财富的交割单，超过了一个亿的盈利。有同学说他运气好，他说被套过 50%，坚守了两年。结果又有同学说他不差钱，所以才坚守的了，我还在为生计发愁的守着肯定不能淡定。这样的话乍一听很有道理，但根本上是这样吗？那是别人选了适合自己的方式，是自己能力之内的，所以坚守起来也没有比守活寡还难。这就回到了那句话“这是一个最坏的时代，这也是一个最好的时代”。在这个时代，如果我们不玩儿命地打拼，真的能饿死吗？**生活的理想就是理想的生活，最基本的生活是为了让生活过得舒服**。过得舒服的方式有很多种，**但是人们往往做的不是他所能做到的，而是舍近求远**。当然，人往高处走，你可以向着更高的方向努力，过更优质的生活，物质的或精神层面的。操作，不也是这样吗？就像班长前面讲的，先做好基本的，把该做的做好了赚到了，再去开辟疆土。现在的人们常常觉得很累，同学们想想累在了哪里？刚才班长说的那四类操作者，也很累，同学们也想想累在了哪里？

累在追求了错误的东西？累在追求了错误的操作？不是。因为追求没有错，想取得更好的操作没有错，而是累在追求的方式是错误的。当你勘破了累的症结，当你知道了症结所在是追求方式的错误，我们回到“少即是多，慢就是快”，对于新手来说，少即是多，什么越多越好？什么越少越好？你想想。学习和付出越多越好，但操作和操作依据越少越好。操作次数少了，是因为你知道你的操作机会了；操作依据少了操作起来才简单有效。不要担心操作次数少，不要担心依据少会损失掉很多利润，先把你能抓的抓好。因为随着你的付出，当你学的足够多足够强大了，你会提炼出一个更强大的“少”。如此良性循环下去，你的操作面会越来越广，你的操作次数会多起来，你的操作策略会更完善起来。其实，你担心操作次数有用吗？你不想损失掉那么多利润有用吗？什么是鞭长莫及，什么是能力范围，你又不是不知道。就像止损和卖出，最初就是简单地执行，不要盯着那些你没抓到的，多看看你抓到的，在你抓到的这个基础上做好了，再想着如何抓更好的，免得走的姿势都未稳，就急着跑，到时候摔得鼻青脸肿别怪班长认不出来你，因为你连自己都不认识。

现在同学们对班长之前讲的“你要的之所以多，是你不知道你要的是什么，知道你要的是什么了，你就会用尽所有力气朝着那个方向”，是不是有了更深刻地理解？**光有理解还不够，一定要反复地看，反复地想，真正从内心开悟，从身心认识到能力问题。勘破了操作累的症结，知道了症结所在是追求方式的错误**。下面，班长来给同学们说说正确的路有哪些：

第一条路：专做大买点之路

这条路非常适合有时间的操作者没时间就空仓，有时间就选股操作。

第二条路：长相厮守之路

适合平常没有多少时间做大级别趋势的交易，就像前面我们讲的例股，5 日均线的趋势很容易破，但 10 日均线不容易，比 10 日均线不容易的是 20 日均线，比 20 日均线不容易破的是 30 日均线，比 30 日均线不容易破的是 60 日均线，还有半年线、年线，选一个你想要且适合你的趋势去做。然后，有时间了逮住机会就 T，降低成本。当然，有时间的走第二条路也适合，但是没时间不能盯盘的就不适合第一条路。

第三条路：一个仓专门做大买点，一个仓做长相厮守。

这条路适合多金的，或者平衡急躁心理的，免得长相厮守熬不住，也免得折腾来折腾去不赚钱。至于一个仓多少，不要指望班长给你说这个仓100万，那个仓200万，多问问自己的期望，多看看自己的能力。当然，这个能力不仅仅是操作能力，比如你300万资金，分配200万给大买点仓，结果你时间上不行，买了就无暇顾及，套住了，这就是时间方面的能力不行。

无论选择上面哪条路，你都要知道为什么选，千万别因为觉得这条路赚得多就选，一定要看自己适合走哪条，能走哪条，因为路的终点都一样，不会说第一条的终点就是金山，第二条就是银山了。只要你选择了并走下去，就是你的金山，无论哪一条路。

我们来结合两只例股看看。

第一股：东方财富3000059

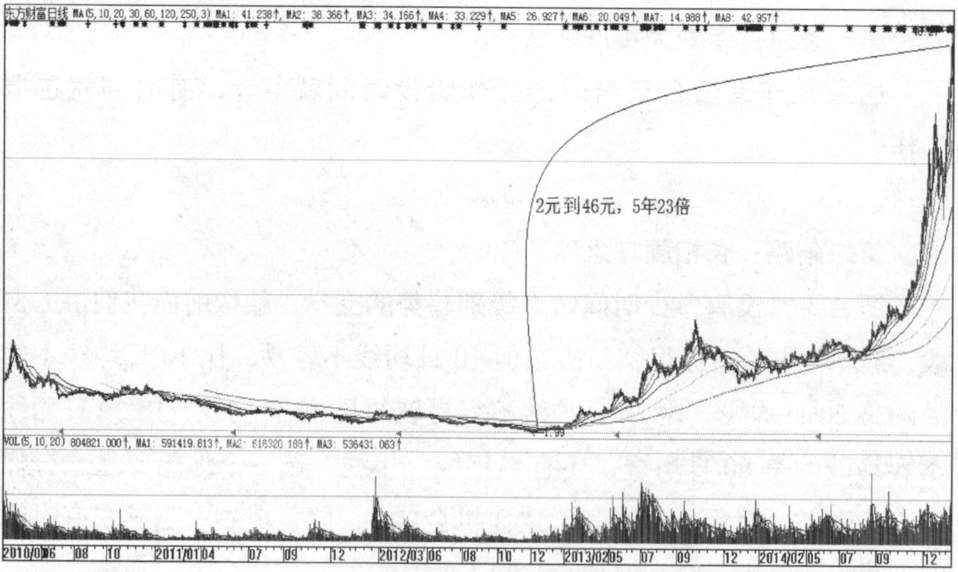

图4–1 东方财富

如图4–1东方财富所示，从2元到46元的23倍之路，类似的像同花顺的10倍，或者你从300001一直往后翻着看，如果你游走在当中，一直追求大买点，做精大买点操作，五年十倍真的不是说说而已。如果资金是 20 万，第一年你只能做出 50% 的利润，第二年开始就是 30 万，因为一年的经验积累，操作厉害了，翻一倍，60 万；第三年不好做，甚至还亏了 10 万，第四年依旧不好做，但又赚了 10 万；第五年还是 60 万，行情好转，到处是机会，一年你骑了两三波主升浪就翻了两倍，60 变成 120，120 变成 240。

班长不是在给同学们画饼，是告诉同学们，万事开头难，不要上来就想要翻倍，缓缓起步，一步一步走下去，你的步子就会越来越大。当然了，路子不是只有一条，我们再看第二只例股。

第二股：汤臣倍健 300146

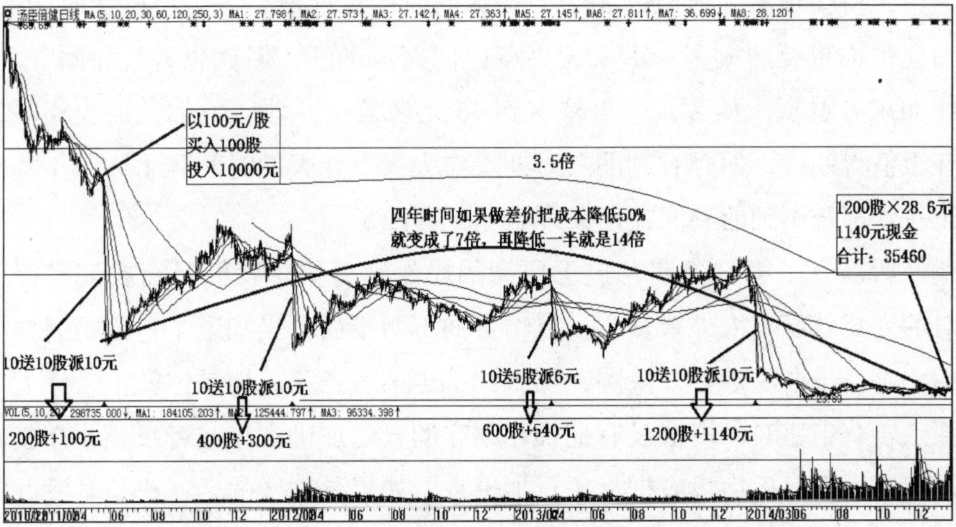

图 4–2　汤臣倍健

如图 4–2 汤臣倍健所示，此股为长相厮守之路。汤臣倍健上市时间还不到四年，已经完成四波高送转，披露 2014 年的年报时估计会有第五次送转方案。这四次送转已经详细地标注在图中。

假设当初你以 100 元每股的价格买进了 100 股，投资总本金是 1 万元，经过图中所标注的四次转股和派息，现在净增 3.5 倍。四年时间你能做多少差价出来？如果班长所讲的内容在汤臣倍健上市之前，你选择了汤臣倍健，也许第一年你没有做出差价，甚至还把成本做高了，年末你总结了一下，把成本做高的原因在于波段了太多次。就像前面班长举的例股，本来抓一波有百分之二三十了，结果以为什么机会都是自己能抓的机会，变成反套50%。于是第二年开始，你走向“少即是多”之路，只做把握非常大的，哪怕别人天天红红火火，哪怕你一个月只能把握一次，甚至一次都没有，但一年下来你真的做出了10%；随着第二年的经验增加，你稳定下来了，第三年，第四年……

当然，时光不会倒流，不可能再回到汤臣倍健那年的上市，但班长交给了同学们选成长股的方法，已经上市的很多，而且还有很多在排队上市，机会很多，所以这是一个最坏的时代，这也是一个最好的时代。怕就怕你想要的太多，本来大买点让你兴奋不已，但你想着长相厮守，比如东方财富，从2元一直持有到46元多漂亮？怕就怕你觉得长相厮守很值得期待，但是看到朋友短期操作大买点几天的时间赚了你一年甚至一年都赚不到的利润，便又开始朝三暮四了。

所以有了第三条路，追求更高的操作没有错，我们只需要调整好对的方式就好。人人皆贪心，就怕贪的不明不白，当知道了自己是怎样的心态，没办法选择一条路，那么你就走第三条路。但是怕就怕，你大买点斩获丰盛时，悔恨没有把长相厮守的仓位加进去，或者长相厮守获得丰厚回报时后悔没有把大买点加进来。如果是这样的话，班长是没办法救你了，因为钥匙在你自己手里。你要的之所以多，是你不知道你要的是什么。**现在你需要深刻地去思考，躺在床上或者回家的路上，慢慢地想一想。直到知道你要的是什么了，然后发现有一种新生的力量要涌出，推着你朝着那个方向**。

这是一个最坏的时代，这也是一个最好的时代。就像前面给同学们看的例股，股还是那只股，大跌时东方财富还是东方财富，上涨时东方财富还是东方财富，**不是买点，不是卖点，是顺风而起，趁风而下，而**

这其中的力量是势，是借力打力，借的是势头转换的力，打的力来自于你的能力范围。三条路，无论哪条路，都不会一日暴富，也不要指望第一年就翻倍，没有任何一笔巨大的利润是可以靠一笔操作赢得的，只有在能力认识方面你思考到位了，你的预期才会接地气，只有你认识到自己有多么平凡，才能做出不平凡的战绩，人因正视自己的平凡而伟大。

不要想着当股神，做一个平凡的操作者，做着平凡的操作，与市无争也与势无争。即便你有那么一点点幻想，但你知道仅仅是幻想而已，不会去刻意追求，不再追求高超的技艺，你开始**把复杂事情简单做，简单事情重复做，重复的事情认真做。因为你知道你很平凡，你也只想平凡地做自己的操作。**

正如《平凡之路》这首歌中唱的：

我曾经跨过山和大海，也穿过人山人海，

我曾经拥有着一切，转眼都飘散如烟，

我曾经失落失望失掉所有方向，

直到看见平凡才是唯一的答案。

你曾经错过多少牛股？经历过多少涨跌？多少股转眼几倍，多少牛股悄然溜走？到这里所有内容就结束了，好像班长把什么都讲了，但转眼又像什么都没讲。你要经历多少浮华才能真正走上这平凡之路？

问题点拨：

同学问：班长好，您选股K线是参考复权，还是除权的啊？

班长答：前复权。

同学问：（1）班长，看好要长相厮守，但跌势明显，是清仓出局观望，还是轻仓做T？

（2）长相厮守何时入场，长相厮守也最好是通过大买点入场，然后通过换挡操作，降低成本。是吗？

班长答：这两问一并回答。

首先，我们讲过，再好的股在不对的时间持有也不行；

其次，是大买点入场吗？如果一直没有大买点怎么办？

然后，前面我们是不是多次讲过，长相厮守的可以放大操作级别？

最后，长相厮守也是有底线的，如果步入跌势了，那就留 100 股垫着底儿，步入涨势了，就按照相应的涨势级别去波段，主升如果有了，等结束后才去换挡波段。

同学问：甚至班长自己都在不知不觉中“快”，不自觉的“多”，好在班长常常做内心关照，当发现自己快时，通过能力认知疏通内心慢下来——切中要害，得反复体会和练习。班长不知不觉中“快”和“多”了，是怎么内心觉查，又通过能力认知慢下来的？能请班长详解一下，再给点儿启发吗？

班长答：为什么做，做又是为了什么，凡事多观察多问为什么，养成关照的习惯，就像别人说了一句话我不开心，你不要只注重我不开心，要去看看我为什么不开心，不开心到了哪里，别人为什么会说出那句话。

同学们可以把本书连贯地再看一遍，边看边梳理知识点，并摘抄出来；然后再连贯地把自己梳理的知识点看一遍。也欢迎把梳理出来的知识框架发到班长的博客或微博 @ 股道班长；如有问题也可以发给班长交流，班长 QQ：857985995；班长微信号：短线王国。班长很乐意和同学们交流并给同学们一些建议。

后　记

耐心才能听得到财富的声音

一位立志在40岁非成为亿万富翁不可的先生，在35岁的时候，发现这样的愿望靠目前的薪水根本达不到，于是放弃工作开始创业，希望能一夜致富。过了五年，其间开过旅行社、咖啡店，还有花店，可惜每次创业都失败，他的家也陷于绝境。到40岁时，他心力交瘁的太太无力说服他重回职场，在无计可施的绝望下，跑去寻求禅师的协助。禅师了解状况后对他太太说："如果你先生愿意，就请他来一趟吧！"

这位先生虽然来了，但从眼神看得出来，这一趟只是为了敷衍他太太而来。禅师一言不发，带他到庭院中。庭院约有一个篮球场大，庭中尽是茂密的百年老树，禅师从屋檐下拿起一把扫把，对这位先生说："如果你能把庭院的落叶扫干净，我会把如何赚到亿万财富的方法告诉你。"

虽然不信，但看到禅师如此严肃，加上亿万财富的诱惑，这位先生心想扫完这庭院有什么难，就接过扫把开始扫地。过了一个钟头，好不容易从庭院一端扫到另一端，眼见总算扫完了，拿起簸箕，转身回头准备收起刚刚扫成一堆堆的落叶时，他却看到刚扫过的地上又掉了满地的树叶。懊恼的他只好加快扫地的速度，希望能赶上树叶掉落的速度。但经过一天的尝试，地上的落叶跟刚来的时候一样多。这位先生怒气冲冲地扔掉扫把，跑去找禅师，质问禅师为何这样开他的玩笑。

禅师指着地上的树叶说："欲望像地上扫不尽的落叶，层层消磨你的耐心。耐心才能听到财富的声音。你心上有一亿的欲望，身上却只有一天的耐心；就像这秋天的落叶，一定要等到冬天叶子全部掉光后才扫得干净，可是你却希望在一天就扫完。"说完，就请夫妻俩回去。

临走时，禅师对这位先生说，为了回报他今天扫地的辛苦，在他们回家的路上会经过一个粮仓，里面会有 100 包用麻布袋装的稻米，每包稻米都有 100 斤重，如果先生愿意把这些稻米帮他搬到家里，在稻米堆后面会有一扇门，里头有一个宝物箱，里面是一些金子，数量不是很多，就当作是今天扫地与搬稻米的酬劳。

这对夫妻走了一段路后，看到了一间粮仓，里面整整齐齐地堆了约二层楼高的稻米，完全如同禅师的描述。看在金子的份儿上，这位先生开始一包包地把这些稻米搬到仓外。数小时后，当快搬完时，他看到后面有一扇门，兴奋地推开门，里面确实有一个宝物箱，箱上无锁，他轻易地打开了宝物箱。

他眼睛一亮，宝物箱内有一个小麻布袋，拿起麻布袋并解开绳子，伸进手去抓出一把东西，可是抓在手上的不是黄金，而是一把黑色小种子，他想也许这是用来保护黄金的东西，所以将袋子内的东西全倒在地上。但令他失望的是，地上没有金块，只有一堆黑色种子及一张纸条。他捡起纸条，上面写着："这里没有黄金。"

这位先生失望地把手中的麻布袋重重摔在墙上，愤怒地转身打开那扇门准备离开，却见禅师站在门外双手握着一把种子，轻声说："你刚才所搬的 100 袋稻米，都是由这一小袋的种子历时四个月长出来的。你的耐心还不如一粒稻米的种子，怎么听得到财富的声音！"。

许多同学都在找翻倍的种子，都想获得五年十倍的回报，事实上，市场从来不缺大牛股，然而却很少有人能翻倍，原因不是大牛股和与你擦肩而过你却不认识，而是你听不到财富的声音、没有耐心陪其成长。如果你领悟到 100 袋稻米是由那一麻布袋种子经历四个月所长成的，那就相当于找到了开启翻倍大门的金钥匙——为十倍做出五年的付出，成就五年十倍的自己！